Winfried Ulrich

Sprachspielerische und sprachverfremdende Texte im Deutschunterricht der Sekundarstufen

Sprachdidaktische und literaturdidaktische Anregungen

Mit einem Theorieteil
und Arbeitsblättern

Schneider Verlag Hohengehren GmbH

Umschlag: Verlag

Umschlagbild: © Philip Waechter

Gedruckt auf umweltfreundlichem Papier (chlor- und säurefrei hergestellt).

Bibliografische Information der Deutschen Nationalbibliothek

Die Deutsche Nationalbibliothek verzeichnet diese Publikation in der Deutschen Nationalbibliografie; detaillierte bibliografische Daten sind im Internet über ›http://dnb.dnb.de‹ abrufbar.

ISBN-13: 978-3-8340-2087-1
Schneider Verlag Hohengehren, Wilhelmstr. 13, D-73666 Baltmannsweiler
Homepage: www.paedagogik.de

Inhaltsverzeichnis

A Theorieteil

1. Sprachspiel – Spiel mit sprachlichen Regeln

Wir sind alle von Sprachspielen umgeben, zumeist in Gestalt von Wortspielen! Wir können ihnen kaum ausweichen. Unser Blick fällt auf Plakate, auf denen vor Wahlen zur Stimmabgabe für bestimmte Parteien und Kandidaten aufgerufen wird, bei Demonstrationen gegen politische Strömungen protestiert wird oder staatliche Investitionen für bestimmte Vorhaben gefordert werden:

(Martin Fuchs@wahlbeobachter. 12. 8. 2017 Wahlplakate from Hell: Ich maaaaaaaaag kreative Wortspiele)

©Sigurd Gringel. www.nw.de/lokal/kreis guetersloh/schloss holte stukenbrok/ 22360271. 250-Bueger-protestieren-friedlich-gegen-die-AfD.html)

(Mannheimer Morgen, 31.10.2019. morgenweb.de)

Auf Bahnhöfen und anderen öffentlichen Plätzen erregen Großplakate unsere Aufmerksamkeit, auf denen z. B. zu Spenden für karitative Zwecke aufgerufen wird:

Jakob Szoborz (http://jakobsweb.com/welthungerhilfe/)

Auffällig ist auf einem dieser Plakate eine normabweichende Rechtschreibung, mit der eine besondere Verbindung zwischen dem Namen *Maag* und der Flexionsform *mag* vom Verb *mögen* im Sinne von ‚gern haben' hergestellt wird. Auffällig sind auf einem anderen krasse

Rechtschreibfehler, mit denen auf eine schlechte Finanzierung des Bildungsbereichs aufmerksam gemacht werden soll. Auffällig ist ebenfalls die Dekonstruktion des Kompositums *Menschenrechte* in seine beiden Konstituenten *Menschen* und *R/rechte* und ihre Verwendung in der Wortverbindung *rechte Menschen*. Die Homonymie von *Recht* und *rechts* macht es möglich, deren Bedeutungen kontrastiv einzusetzen: ‚normativer, gesetzlicher Anspruch auf etwas' – ‚politisch konservativ bis reaktionär'. Ins Auge springt die riesige Schlagzeile *ES REICHT!*, mit der durch das Hintergrundfoto und den sprachlichen Zusatz *FÜR ALLE* deren Mehrdeutigkeit in den Blick gerückt wird: ‚Jetzt ist es genug (mit dem Nichtstun)!' – ‚Es ist für alle Menschen genug zum Essen da.'

Unser Blick wird nicht nur von Plakaten angezogen. Geschäftsleute locken mit überraschend mehrdeutigen Namen der Besitzer, ihrer Waren oder Dienstleistungen über den Ladenfenstern Kunden an:

(https://kuriosologie.de/category/wortspiele/)

(twitter. www.watson.ch/imgdb/347e/Qx,B,0,0, 600,362,250,150,100,60/7056007667554917)

(Alter Fritz, https://commons.wikimedia.org/w/index.php?curid=42820696)

(https://kuriosologie.de/category/wortspiele/)

Auf Transparenten bekunden Teilnehmer an Massenveranstaltungen wie Fußballspielen und Demonstrationen gern weithin sichtbar ihre Meinung. *Robben* ist eben nicht nur Bezeichnung für eine Tierart, sondern auch der Name eines Fußballspielers. Und *kaputtsparen* ist ein neu gebildetes Wort aus den Bestandteilen *sparen*, bis etwas *kaputt* ist.

(www.watson.ch/sport/fussball/519242086-ironisch-lustig-fies-wenn-fans-ihre-kreativitaet-im-stadion-ausleben-kruemmen-wir-uns-vor-lachen)

Stephanie Pilick/dpa.www.focus.de/tagesthema/demonstrationen-dgb-keine-stunde-arbeit-darf-billiger-sein-als-8-50-euro_id_3813273.html)

Was läuft eigentlich auf Deutschlands Straßen?

Achim Greser und Heribert Lenz: (https://dummel-ausstellung.de/bild15)

Spruchbänder mit zweideutigen Sprüchen erscheinen auch in Karikaturen: Die verkniffen dreinschauenden demonstrierenden Männer in der Stadt Fritzlar tragen ein Schachtelwort mit Bestandteilen aus *FRITZLAR* und *PEGIDA* („Patriotische Europäer gegen die Islamisierung des Abendlandes") vor sich her, das eine enge Beziehung zwischen beidem zum Ausdruck bringen soll, von dem Passanten (und dem Betrachter) aber mit *frigide* in Beziehung gebracht wird.

Beim Lesen von Zeitungen und Illustrierten sowie beim Navigieren im Internet drängen sich dem Leser viele Werbeanzeigen mit ungewöhnlichem Sprachgebrauch und mancher Anspielung auf:

(www.instagram.com/20min.ch/?hl=de #lidl #aldi #deutschland #konkurrenzkampf #discounter)

(www.ritter-sport.de/de/liebe%20auf n%20ersten%20Knick)

Man mag staunen, dass der direkte Vergleich mit der Konkurrenz in der Werbung nicht wettbewerbsrechtlich verboten ist (ALDI – *all die*), und man amüsiert sich über die Anspielungen auf *Liebe auf den ersten Blick*, auf *Ihr Kinderlein kommet* und auf *Ich will ein Kind von dir*:

(www.lieferando.de)

Manche Werbesprüche und Wortneubildungen benötigen gar keine Bebilderung:

Appell auf Plakaten an deutschen Autobahnen: ***Sie fahren mit Abstand am besten.***
Möbelhaus IKEA: ***Wohnst du noch oder lebst du schon?***
American Express: ***Bezahlen Sie einfach mit Ihrem guten Namen.***
Marke Dr. Best: ***Die klügere Zahnbürste gibt nach.***
BILD-Zeitung: ***BILD Dir Deine Meinung.***
Werbung für einen Rasenmäher des Herstellers OBI: ***Mäht in Germany***
Warsteiner Pils: ***Das einzig Wahre. Warsteiner***
Werbung einer Fluggesellschaft mit besonders bequemen Sitzen: ***Langstrecken auf Langstrecken***
Gebäckträger (Aldi Nord, auf der Brötchentüte)
Postblitz! (Plakat der Deutschen Post)
Ohne Zeitungsanzeigen wären wir ganz schön inseratlos. (Zeitung Kieler Nachrichten)

Neben der Werbung fallen in Zeitungen aber auch Artikelüberschriften auf, die das zu behandelnde Thema sprachspielerisch angehen:

Die Vereinigte Stasi von Amerika (Schlagzeile in Süddeutsche Zeitung, 11.07.2013)
Baden gehen mit Thomas Cook (FAZ, 29.09.2019, als die Fluggesellschaft Konkurs machte)
Merkel Jauchzt (taz, 30.09.2011, nach Merkels Auftritt in Günter Jauchs Talkshow)
Zwei Drittel der Autofahrer sagen immer noch: NEIN, TANKE! (BILD-Zeitung, 24.04.2020, zum Thema Biosprit E10)

Mit der Post bekommt man Gruß- und Gratulationskarten, die besonders pfiffig sein sollen:

(www.braincolor.de/wp-content/uploads /2016/10/gans-bunt.png)

(gramho.com/explore-hashtag/wortspiele)

Und sogar auf der Toilette ist man vor Mehrdeutigkeiten nicht sicher:

(Sebastian Schiller@schillergie, 4.3.2018, https://www.fernsehersatz.de/tag/wortspiele)

Sprachspiele sind aber nicht nur mit dem Auge wahrzunehmen. Sprache ist ja primär gesprochene Sprache. So verwundert es nicht, dass wir auch über das Ohr Sprachspiele entdecken können. Zwar ist das gesprochene Wort weitaus flüchtiger als das geschriebene oder gedruckte, und deshalb fehlt manchmal die Zeit, die man braucht, um die Verfremdung sprachlicher Äußerungen und die damit verbundene Absicht zu erfassen. Andererseits werden gelungene mündliche Sprachspiele häufig von Hörern aufgenommen und von Mund zu Mund weitergegeben. Das sorgt dann für eine weite Verbreitung von Sprüchen.

Alles hat ein Ende, nur die Wurst hat zwei.
Lieber arm dran als Arm ab.
Eifersucht ist eine Leidenschaft, die mit Eifer sucht, was Leiden schafft.

Besonders gern nimmt man auf bereits sehr bekannte Redewendungen und Sprichwörter Bezug, zitiert und erweitert sie oder dreht sie durch leichte Veränderungen inhaltlich um. Die Originalformulierung bleibt dann als impliziter Hintergrund erhalten.

Eskimos leben lange, weil sie nicht ins Gras beißen können.
Ein Mann, dem zum Glück noch die Frau fehlt.
Ein toter Spanner ist weg vom Fenster.
Wo ist das Gleichgewicht, wenn man es nicht findet? (‹ das Gleichgewicht verlieren)
Wenn deine Augen eine Frau erblicken, schlage sie nieder. (‹ die Augen niederschlagen)
Macht euch auf eure durchlöcherten Socken!

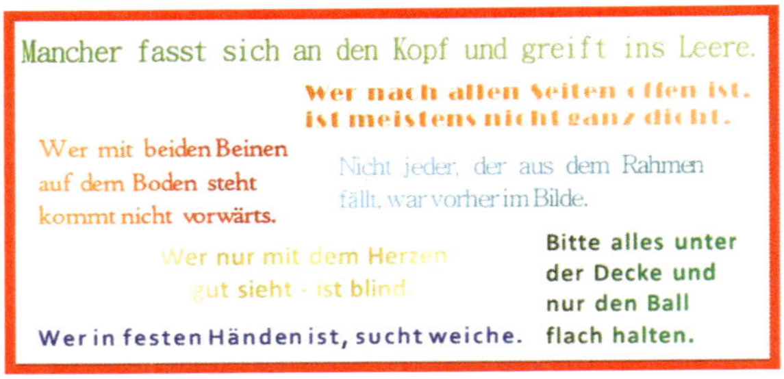

(www.programmwechsel.de/wortspiele/)

Der brave Mann denkt an sich selbst zuerst.
Ausnahmen beschädigen die Regel.
Zu wahr um schön zu sein.
Hilf dir selbst, sonst hilft dir Gott. (‹ dann hilft dir Gott)
Gelegenheit macht Liebe. (‹ Diebe)
Was lange gärt, wird endlich Wut. (‹ Was lange währt wird endlich gut.)
Wem du's heute kannst besorgen, den verschone nicht bis morgen.
Hart, aber ungerecht!

Bisweilen werden auch neue Wörter in Analogie zu gebräuchlichen komplexen Wörtern gebildet, die eine komische Wirkung hervorrufen:

Wenn der Gewinn recht klein ausfällt, gibt es ein ***Gewinnsel****.*
Wie kann man zu einem Klinikseelsorger, der in der Psychiatrie tätig ist, sagen? ***Psychopater****!*
Anderer Name für Spielmannszug: ***Marschmännchen****.*
Stussfolgerung *– eine Schlussfolgerung, die ziemlich blöd ist.*
Schluchzt die Glühbirne: „Ich bin ***fassungslos****!"*

Einmalige, bei besonderen Gelegenheiten entstandene und nicht weiter verbreitete sprachspielerische Ausdrücke kommen immer wieder einmal in Radio- und Fernsehübertragungen durch Reporter oder Interviewer vor:

Aus der Welt der Fußballübertragungen: *„Müller sucht Klose … Und der Ball sucht das Weite."* (Länderspiel 2006, nach einer Flanke in die Zuschauerränge)

Radiomeldung: *Schülerinnen und Schüler können sich als Begleitkinder, also Talismänner und Talismädchen, fürs nächste Länderspiel der deutschen Nationalelf bewerben.*

Ein Reporter fragte Franz Josef Strauß im Fernsehen, ob er denn ein Kalter Krieger sei. Darauf Strauß: *„Ich bin lieber ein Kalter Krieger als ein warmer Bruder."*

Schließlich ist auch nicht jede Äußerung, die als Sprachspiel angesehen werden kann, als solche gemeint und beabsichtigt. Ungewollte Wortspiele ereignen sich in Alltagsgesprächen auf

Zugfahrten, an der Supermarktkasse, im Wartezimmer oder auf der Arbeitsstelle in Form von Versprechern, die auf Halbwissen, mangelnde Sachkenntnis, Irrtümer oder Missverständnisse zurückzuführen sind, aber auch zu Missverständnissen führen können. Petra Brumshagen und Nina Petersmann haben solche Äußerungen gesammelt und in einem Buch veröffentlicht, dessen Titel bereits ein Beispiel in den Blick rückt.

Man erzählt sich aber auch gern mal einen Witz mit entsprechendem Dialog, der natürlich reine Fiktion und weit übertrieben ist:

„Sag mal, was ist ein Lama?" – „Das ist einer, der nicht laufen kann."

„Ohne Flaschenzug schaffen Sie das nicht", sagt ein Herr wohlwollend zu zwei Arbeitern, die sich abmühen, einen riesigen Steinblock zu bewegen. „Das wissen wir auch", ist die brummige Antwort, „aber die Pulle ist leider leer."

„Was hältst du eigentlich von Rosis Figur?" – „Das ist keine Figur, das ist eine Massendemonstration."

„Papa, wie stellt man es an, dass man zu einem Vermögen kommt?" – „Ehrlich währt am längsten."

„Alle Frauen sind verschieden, die meine leider nicht", sagt ein Ehemann kurz vor der Goldenen Hochzeit.

„Privatpatienten werden nach der Adgo liquidiert."

Was verbindet nun all diese so verschiedenen Sprachspiele miteinander?

Es ist das Spiel mit dem Aufdecken zweier Lesarten einer sprachlichen Erscheinung, sei dies nun ein Laut oder Buchstabe, ein Wort oder eine Wortverbindung, ein Satz oder ein ganzer Text. Dabei ist die Verwendung von mehrdeutigen Ausdrücken (Polysemie) und klangähnlichen Ausdrücken (Homonymie) besonders beliebt. Es wird bewusst gegen gültige sprachliche Normen und Konventionen verstoßen. Zum Beispiel werden Rechtschreibfehler gemacht, Wörter mit einer Nebenbedeutung oder einer ganz neuen Bedeutung verwendet, Neuwörter gebildet, Ausdrücke in einen ungewöhnlichen Kontext gestellt. Auf diese Weise wird der Rezipient, ob Hörer, Leser oder Betrachter, aktiviert, sein erworbenes Sprachwissen abzurufen und anzuwenden. Er muss eine Interpretation vornehmen, um die Aussage richtig zu verstehen. Er konsumiert Sprache nicht nur, sondern denkt aus eigener Kraft etwas hinzu. Und dieses ausgelöste Um-die-Ecke-Denken macht den besonderen Reiz der Sprachspiele aus.

Man kann Funktion und Wirkung des Sprachspiels vereinfachend in einer Formel zusammengefasst wiedergeben:
AIDA: **A**ufmerksamkeit → **I**rritation → **D**oppeldeutigkeit → **A**nerkennung

Der ungewohnte, nicht den Konventionen und sprachlichen Regeln entsprechende Ausdruck erregt zunächst die **Aufmerksamkeit** des Rezipienten. Dabei **irritiert** ihn dessen befremdliche Beschaffenheit, die ihm bei der Suche nach Sinn rätselhaft vorkommt. Gelöst ist dieses Rätsel erst, wenn er die **Doppeldeutigkeit** der Erscheinung erfasst, deren beide Lesarten und ihre Beziehung zueinander entdeckt und somit das Sprachspiel verstanden hat. Bewertet er es als gelungen und pfiffig, wird er sein Vergnügen daran haben und dem Produzenten seine **Anerkennung** nicht versagen.

Sprachspiele begegnen uns aber nicht nur überall. Man kann sie auch gezielt suchen, um seine Freude daran zu haben. Das gilt besonders für **literarische Texte, bei denen Sprachspiele konstitutive Bestandteile sind**. Die dabei zutage tretende Kreativität der Autoren nötigt uns nicht selten Respekt und Bewunderung ab. Der Umgang mit solchen Texten verbindet zwangsläufig Sprachanalyse und Textinterpretation miteinander. Das Textverständnis hängt davon ab, dass die Technik des Sprachspiels durchschaut und ihre Funktion innerhalb des Gesamttextes erfasst wird. Deswegen sind jeweils detaillierte Untersuchungen und Interpretationen der Texte erforderlich.

Im Folgenden soll das an einigen Beispielen demonstriert werden. Dabei soll der Begriff „Sprachspiel" über die bisherigen Feststellungen hinaus weiter präzisiert und eingegrenzt werden.

Manche haben den Größenwahn verrückt zu sein und sind nur untergeschnappt.

Was meint der Autor Karl Kraus? Und wie bringt er es in seinem Kleinsttext, einem Aphorismus, zum Ausdruck? *Verrückt sein* und *Größenwahn* stehen in deutlicher Spannung zueinander: Wie sollte man sich auf Schwachsinn und Irrwitz etwas einbilden können? Die Lösung für diese paradoxe, rätselhafte Aussage liefert der zweite Teil der Satzverbindung. Kraus experimentiert mit der Sprache, erprobt ihre Leistungsfähigkeit, indem er ein neues Wort bildet, das es im deutschen Standardwortschatz so nicht gibt: *untergeschnappt*. Er tut das aber nicht völlig losgelöst vom existierenden Wortschatz, sondern lehnt sich an diesen an. *Untergeschnappt* erweist sich nämlich als eine antonyme Analogiebildung zu *übergeschnappt (sein)*, dem semantisch interessanten Partizip von *überschnappen* im Sinne ‘den Verstand verlieren‘, einem Synonym zu *verrückt sein*. Diese Eigenschaft, *übergeschnappt* zu sein, billigt Kraus aber nicht allen zu, die sich für verrückt halten und es eventuell auch sind. Für ihn weist der Wortbestandteil *über-* im Sinne von ‚über das übliche Maß hinausragend‘, sehr viele Merkmale einer positiven Wertschätzung auf, sodass Übergeschnappte vielleicht sogar stolz sein könnten, weil diese Eigenschaft sie irgendwie über Mitmenschen erhebt. Kraus gesteht ihnen zwar zu, nicht „normal" zu sein, also von der allgemeinen Norm der üblichen Verstandeskräfte abzuweichen. Er billigt ihnen aber nicht das Attribut *übergeschnappt* zu, sondern nur *untergeschnappt* im Sinne von ‚unter dem üblichen Maß bleibend, zu wenig Verstand besitzend‘.

Der Aphorismus zeigt exemplarisch, was **ein Sprachspiel ist,** nämlich **ein Experiment mit Sprache**, ein Ausprobieren, wie weit man die Regeln einer Sprache überdehnen kann, um dadurch den sprachlichen Einheiten vom Sprachlaut bis zum vollständigen Text und zur kompletten Sprachhandlung ganz neue, überraschende Aussageweisen zu entlocken, die von denen bei „normaler" Verwendung erheblich abweichen. An die Stelle normgerechter, konventioneller, üblicher Sprache setzt der Sprachspieler **eine normabweichende, verfremdete, rätselhafte und vielsagende Sprache**. Und diese Form des kreativen Umgangs mit den kommunikativen Zeichen macht ihm erkennbar Spaß und soll auch den Rezipienten beeindrucken. Im Unterschied zum sprachlichen Fehler erfolgt der Regelverstoß beim Sprachspiel bewusst und absichtlich. Und der erzielte Mehrwert an Information gegenüber einer Äußerung, die sich an die sprachlichen Konventionen hält, ist zunächst oft verborgen und fordert den Rezipienten zu möglichst gescheiten Deutungen heraus.

Versuchen ist nicht so übel als Verfinden. (Emil Gött)

Das Wort *verfinden* in diesem Aphorismus ist ebenfalls eine kreative Augenblicksbildung, wie oben schon *untergeschnappt*. Offensichtlich handelt es sich um eine Analogiebildung zu dem gebräuchlichen Verb *versuchen*. Eine inhaltliche Gegenüberstellung beider Verben bleibt aber schwierig, denn die konventionelle Bedeutung von *versuchen* ist ‚etwas zu tun beginnen, wovon man nicht sicher ist, dass es gelingen wird, probieren'. Und von dieser Lesart des Wortes führt kein erkennbarer Weg zu *verfinden*. Anders verhält es sich, wenn man bei beiden Verben das Präfix *ver-* weglässt und die einfachen Verben miteinander vergleicht. *Suchen* und *finden* stehen sich inhaltlich sehr nahe, *suchen* als Bezeichnung für den Beginn bzw. die Dauer einer bestimmten Handlung, nämlich für das ‚Bemühen, jemand oder etwas Verlorenes, Verstecktes zu finden', und *finden* für den erfolgreichen Abschluss dieser Handlung. So heißt es schon in der Bibel: „Suchet, so werdet ihr finden" (Matthäus 7,7) und im Sprichwort: „Wer eine Ausrede sucht, der findet zehn." Was verändert sich durch die Präfigierung der beiden Verben? Das Präfix *ver-* modifiziert die Grundbedeutungen einfacher Verben in verschiedenen Richtungen. Eine Hauptrichtung zielt auf das Bedeutungsmerkmal ‚falsch' (vgl. Fleischer 1971, 299). Es prägt die Bedeutungen von *verzählen, verschreiben, verdrehen, verschütten, verführen, verkennen, verlaufen, verbiegen* … im Sinne ‚falsch zählen, falsch schreiben' usw. *Versuchen* lässt sich hier einreihen und erhält dann die freilich nicht übliche Lesart ‚falsch suchen'. Analog dazu wird das Neuwort *verfinden* mit der Lesart ‚falsch finden' gebildet. Damit aber ist das Rätsel des Aphorismus gelöst. Es leuchtet ein, dass ein ‚falsches Suchen' immer noch abgebrochen und korrigiert werden und dann zum gewünschten Ziel führen kann. Ein ‚falsches Finden' dagegen ist definitiv, bildet den unglücklichen Abschluss einer Suche, der nicht rückgängig zu machen ist, lässt sich also tatsächlich als „übler" bezeichnen.

Nun ist die Bezeichnung „Sprachspiel" wie die meisten Wörter der Allgemeinsprache mehrdeutig. In Linguistik und Philosophie hat sich eine bestimmte Lesart durchgesetzt, die auf Ludwig Wittgenstein in seinen „Philosophischen Untersuchungen" zurückgeht. Wittgenstein interessiert sich für die Sprache in ihrem Gebrauch. Für ihn ist jede Form der sprachlichen Äußerung innerhalb eines praktischen Handlungskontexts ein Sprachspiel. Äußerungen und nichtsprachliche Tätigkeiten hängen unmittelbar miteinander zusammen. Dabei folgt das Sprachspiel jeweils einem bestimmten Muster menschlicher Sprachverwendung mit bestimmten Regeln, wie es beispielsweise auch beim Schachspiel der Fall ist, bei dem Bedeutung und Funktion einer Figur genau festgelegt sind und ihre „Rolle im Spiel" bestimmen. Beispiele für Sprachspiele in der Alltagssprache sind etwa das Beschreiben eines Gegenstandes, das Berichten eines Hergangs, das Aufstellen einer Hypothese, das Befehlen, Bitten, Danken, Fluchen, Grüßen, Beten. Es sind Verwendungsformen von Sprache, die in bestimmten Lebensformen gefordert sind und als Handlungsmuster befolgt werden. Die Beachtung der jeweils gelten Regeln lässt die zwischenmenschliche Verständigung gelingen. An die Stelle dieses Begriffs „Sprachspiel" sind in der Linguistik später die Bezeichnungen „Sprechakt" und „Sprachhandlung" getreten.

Eine ganz andere Bedeutung hat der Begriff „Sprachspiel“ im geselligen Alltagsleben von Familien und unter Freunden. Spiele sind der Unterhaltung und Entspannung dienende zielgerichtete Tätigkeiten, die bestimmten Regeln folgen. Sprachspiele sind dabei alle Spiele, die sprachliche Einheiten als konstitutive Elemente enthalten. Dazu gehören z. B. Kreuzworträtsel, Silbenrätsel, Scrabble, aber auch Rätsel, Frage- und Ratespiele für Kinder und Erwachsene wie „Kofferpacken“, „Stadt, Land, Fluss“, „Ich seh' und seh', was du nicht siehst“, „Wer bin ich?“, „Heiteres Beruferaten“ u. a.

Schließlich übernimmt das „Sprachspiel“ in entwicklungspsychologisch-pädagogischem Kontext eine besondere Rolle als Lernspiel. Gemeint ist in diesem Fall, dass die Sprachentwicklung des Kleinkindes gefördert wird: durch Spiele mit Reimwörtern wie „Hoppe hoppe Reiter, wenn er fällt, dann schreit er …“ und „Das ist der Daumen, der schüttelt die Pflaumen …“, durch Singen und Tanzen von Kinderliedern, durch Kartenspiele mit Wortpaaren wie „Schwarzer Peter“ oder Wortgruppen mit Oberbegriffen wie „Quartett“, durch zum genauen Sprechen und Hören anregende Spiele wie „Stille Post“, durch Versprachlichung von Bildkarten zur Wortschatzerweiterung, zur Pluralbildung und zur korrekten Lautbildung.

Von den angeführten drei Lesarten des Ausdrucks „Sprachspiel“ unterscheidet sich die Verwendung des Begriffs in der vorliegenden Abhandlung grundlegend: Mit ihm soll nicht jedes beliebige Sprachhandeln, auch nicht jedes spielerische Sprachhandeln bezeichnet werden, sondern nur das Sprachhandeln, das aus dem spielerischen Experimentieren mit sprachlichen Zeichen, mit dem sprachlichen Regelsystem und mit sprachlicher Verständigung besteht.

Dabei wird die Sprache selbst zum Objekt sprachlichen Handelns, zum Gegenstand der Betrachtung und Untersuchung. Durch bestimmte gezielte Veränderungen der Gebrauchsbedingungen wird herausgefunden, was Sprache über ihre normale, konventionelle Funktion hinaus alles sein kann und zu leisten vermag. Sie tritt für den Handelnden wie für den Beobachter in einer neuen Weise in Erscheinung, die unüblich und überraschend ist.

Untersucht man die Kunstgriffe und speziellen Techniken, mit denen die Sprachspiele jeweils vollbracht werden, zeigt sich eine **beachtliche Breite unterschiedlicher Normverstöße**. Ebenso ist die **Vielfalt der Textsorten** erstaunlich, in denen Sprachspiele eine bestimmende Funktion ausüben können.

Wilhelm Busch: ***Selbstgefällig***

Mein Büdelein
Is noch so tlein,
Is noch so dumm,
Ein ames Wum,
Muss tille liegen
In seine Wiegen
Und hat noch keine Hos'.
Ätsch, ätsch!
Und ich bin schon so groß.

Man muss die Ausdrucksweise in diesem Text erst als noch unausgereifte Sprache eines Kleinkindes interpretieren, um zu erfassen, dass das sprechende etwas ältere Geschwister sich *selbstgefällig* als weit überlegen und *schon so groß* vorkommt. Dabei hat es selbst noch nicht bei allen verwendeten Wörtern die vollständige Folge der Laute erlernt und ersetzt einige durch klangähnliche (*tlein* statt *klein*) oder lässt sie ganz weg (*Büdelein* statt *Brüderlein*). Dabei sind diese Wortverstümmelungen Merkmale einer erfundenen Kleinkindsprache, die nicht unbedingt den Erkenntnissen psycholinguistischer Spracherwerbsforschung entspricht. Es handelt sich eben um ein Spiel mit erfundener Kindersprache. Es verdeutlicht, wie bereits die Überschrift andeutet, die Diskrepanz zwischen dem Überlegenheitsgefühl des Kindes (im Vergleich mit dem jüngeren Bruder) einerseits und den noch sehr entwicklungsbedürftigen eigenen Fähigkeiten (im Vergleich mit Erwachsenen) andererseits.

Eugen Roth: ***Dassch nit zel***

E inmen schders iche insch nitz elb riet
bem erk ted assi hmd asmiss riet
jed ochda eressel bstgeb raten
tu terals wär'e sihmger aten
un dums ich nichtzus tra fen lü gen
isster's mitherz lich emvergnü gen

Unbekannter Verfasser:

Es schrieb ein Mann an eine Wand
Zehn Finger hab' ich an jeder Hand
Fünf und zwanzig an Händen und Füßen
Wer's lesen will wird Zeichen setzen müssen.

Rechtschreibung und Zeichensetzung sind stark regulierte Bereiche des Sprachgebrauchs. Spielerisch lässt sich durch Aufhebung bestimmter Regeln zeigen, welche wichtige Rolle z. B. der Grundsatz der Zusammenschreibung aller Buchstaben eines Wortes und der leere Zwischenraum zwischen verschiedenen Wörtern als Grenzsignal (Spatium) haben. Auch der Verzicht auf die Großschreibung oder der Verzicht auf Kommasetzung behindern einen reibungslosen Leseprozess erheblich. Verbunden mit einem ungewöhnlichen Zeilenfall kommt es zur Trennung inhaltlich zusammengehöriger Textteile und syntaktischer Verknüpfung nicht zusammengehöriger Teile. Damit werden wichtige Hilfen zum Erfassen der Textgliederung aufgegeben. Eigentlich gemeinter und zumindest zunächst verstandener Textinhalt bilden einen deutlichen Kontrast.

Friedrich von Logau: ***Laus und Laus***

Was Lob heißt im Latein, das hat im Deutschen Füße;
Es kitzelt dort und jückt; hier gibt es scharfe Bisse.

Günther Anders: ***Der Löwe***

Als die Mücke zum ersten Mal den Löwen brüllen hörte, sprach sie zur Henne:
„Der summt aber komisch."
„Summen ist gut", fand die Henne.
„Sondern?" fragte die Mücke.
„Er gackert", antwortete die Henne. „Aber das tut er allerdings komisch."

Wörter sind als sprachliche Zeichen arbiträr, d. h. sie stellen jeweils die Verknüpfung einer bestimmten Lautfolge mit einer bestimmten Bedeutung dar, die nicht naturgegeben ist, sondern an sich beliebig, nur konventionell festgelegt und dann in den Einzelsprachen von Generation zu Generation tradiert. Insofern erstaunt es nicht, dass die Phonemfolge / laus / als Signifikant im Lateinischen mit einem anderen Signifikat als Bezeichnetem verbunden ist als im Deutschen. Beim Sprachvergleich entsteht eine Beziehung zwischen zwei sehr verschiedenen

Referenzobjekten in der außersprachlichen Wirklichkeit, nämlich Worten der Anerkennung einerseits und einem blutsaugenden Insekt andererseits.

Günther Anders stellt in seiner Fabel Arbitrarität und Konventionalität der Sprachzeichen innerhalb derselben Sprache heraus. Erscheinungen der außersprachlichen Wirklichkeit können eben auch innerhalb einer Sprachgemeinschaft unterschiedlich angesehen, eingeschätzt, bewertet und bezeichnet werden. Das kann dann zu einer recht subjektiven Weltsicht führen. Kommunikation ist aber nur möglich, wenn die Teilnehmer sich auf einen groben Konsens hinsichtlich der Gebrauchsweise und Bedeutung der verwendeten Sprachzeichen festlegen. Ohne solche Konventionen – welches Tier *brüllt, summt, gackert*? – redet man aneinander vorbei.

Gerhard C. Krischker: ***nachruf***

nachruf
auf meinen radiergummi
du hast dich
aufgerieben
für meine
fehler

Zwei Lesarten des mehrdeutigen Verbs *sich aufreiben* werden bei dieser Übertragung von Eigenschaften eines verstorbenen Menschen auf einen Gegenstand aktualisiert: a) ‚bei einer Tätigkeit seine Kräfte völlig verbrauchen' und b) ‚durch Reiben/Radieren seine Substanz verlieren'. Das Wort *nachruf* stützt die Lesart a), das Wort *radiergummi* die Lesart b). Das letzte Wort *fehler* passt zu beiden Lesarten und nimmt so an der Doppeldeutigkeit von *aufgerieben* teil: Es sind einerseits geschriebene Fehler, die man ausradieren kann, es sind andererseits Handlungsfehler, deren negative Folgen man durch Einsatz aller Kräfte mildern oder gar verhindern kann.

Josef Reding: ***denunziation***

früher oder
später
verrät
der verräter
des verräters
dem verräter
den verräter
früher oder
später

Die siebente bis zehnte Zeile des Gedichts scheinen aus einer Grammatik zu stammen, in der das Paradigma *Verräter* im Singular mit allen vier Kasus durchdekliniert wird. Die vier Flexionsformen des Substantivs ergeben auch untereinandergeschrieben aber noch keinen Text mit einer thematischen Progression und einem sich daraus ergebenden Inhalt. Josef Redings Kunstgriff besteht darin, dass er die Formen vom Nominativ bis zum Akkusativ unverändert in einen Kontext einbettet, der sie sehr wohl zu einem Textteil macht. Die Kasusprogression verwandelt sich in eine thematische Progression. Gleichzeitig vertritt der Autor die Ansicht, dass bei Verrat der Verräter irgendwann selbst zum Verratenen wird. Das Gedicht enthält demnach eine doppelte Zweideutigkeit: ein formales Schillern zwischen Flexionsformen und Textteilen sowie ein inhaltliches Schillern zwischen Subjekt und Objekt des Verrats.

Robert Gernhardt: ***Dorlamm meint***

Dichter Dorlamm lässt nur äußerst selten
andre Meinungen als seine gelten.

Meinung, sagt er, kommt nun mal von mein,
deine Meinung kann nicht meine sein.

Meine Meinung – ja, das lässt sich hören!
Deine Deinung könnte da nur stören.

Und ihr andern schweigt! Du meine Güte!
Eure Eurung steckt euch an die Hüte!

Lasst uns schweigen, Freunde! Senkt das Banner!
Dorlamm irrt. Doch formulieren kann er.

Die Struktur der komplexen Wortbildung mit mehreren Wortbausteinen zu Zusammensetzungen und Ableitungen ist nicht immer ganz durchsichtig. Deshalb kann es beabsichtigt oder unbeabsichtigt zu pseudoetymologischen Fehldeutungen kommen. Das Substantiv *Meinung* ist natürlich eine Ableitung vom Verb *meinen*, nicht vom Pronomen *mein*. Rein formal könnte es aber beides sein. Und das ist die Grundlage des Gedichts. *Dichter Dorlamms* alternative Konstruktion ist semantisch nämlich recht interessant. Sie erlaubt es ihm, eine eigene *Meinung* nur für sich selbst zu beanspruchen, sie bei allen anderen nicht gelten zu lassen und schon gar nicht mit ihnen teilen zu wollen. Das unterstreicht er geschickt mit kreativen Wortneubildungen nach dem falschen Muster: *Deinung, Eurung*. Mit solchen Augenblicksbildungen (Okkasionalismen) reichert er den deutschen Wortschatz an.

Jürgen Spohn: ***Ein Nasenhuhn***

ein Nasenhuhn
ein Nasenzwerg
ein Nasenschwein
die gründeten
einen Verein

und als da kam
ein Ohrentier
da riefen sie:
„was willst du hier?“

ein Ohrenhuhn
ein Ohrenzwerg
ein Ohrenschwein
die gründeten
einen Verwein

und als da kam
ein Nasentier
da riefen sie:
„was willst du hier?“

Die Komposita in dem zweiteiligen, parallel aufgebauten Gedicht folgen dem gleichen Wortbildungsmuster, einmal mit dem Bestimmungswort *Nase*, einmal mit *Ohr*. Die formale Parallelität der beiden Textteile ist inhaltlich mit einem identischen beschriebenen Handlungsablauf verbunden: Vereinsgründung mehrerer Wesen mit gemeinsamem Merkmal, dann Verweigerung der Gemeinschaft mit einem Wesen des anderen Vereins, weil ihm das gemeinsame Merkmal fehlt. Dabei sind die Vereinsmitglieder der einen Gruppe in ihrem Handeln mit denen der anderen Gruppe austauschbar, ohne dass sich ein Unterschied zeigt: *Ohrentier* und *Nasentier* scheinen nur verschieden zu sein, tatsächlich gleichen sie sich wie Zwillinge. Dieser Widerspruch gehört zum Sprachspiel, mit dem der Autor verbreitetes menschliches Verhalten kritisiert: Gemeinsame Eigenschaften schaffen ein Zusammengehörigkeitsgefühl, dass zum Zusammenschluss motiviert, mit einer Solidarisierung nach innen und einer Abgrenzung nach außen (Ingroup – Outgroup), mit Ablehnung der anderen.

Unbekannter Verfasser:

tiere fressen menschen essen tiere

Nicht nur Einzelwörter, auch syntaktisch verbundene Wortgruppen können semantisch changieren. Das zeigt diese vieldeutige Wortreihe, die sich in unterschiedliche Wortgruppen beziehungsweise Sätze aufgliedern lässt: *Tiere fressen. Menschen essen. Tiere fressen Menschen. Menschen essen Tiere.* Da das erste Wort auch das letzte ist, lässt sich der Text als in sich geschlossener, unendlicher „Kreistext“ lesen.

Philipp Günther: ***Länger und länger***

Thomas fällt.
Thomas fällt über den Kuchen.
Thomas fällt über den Kuchen her – und isst ihn auf.

Arne kocht.
Arne kocht sich selbst.
Arne kocht sich selbst einen Pudding – und isst ihn auf.

Tanja bricht.
Tanja bricht ein Stück Schokolade.
Tanja bricht ein Stück Schokolade ab – und isst es auf.

Ines legt.
Ines legt ein Ei.
Ines legt ein Ei in den Becher – und isst es auf.

Katrin schmiert.
Katrin schmiert sich aufs Brötchen.
Katrin schmiert sich aufs Brötchen die Butter – und isst sie auf.

Sätze entstehen nur scheinbar wie Perlenketten, indem Wörter oder Wortgruppen der Reihe nach auf eine Schnur gezogen werden. In Wirklichkeit ist die Bedeutung jeder Satzkomponente von ihrer sprachlichen Umgebung abhängig. Den Beweis liefert in diesem Text der sprunghafte Wechsel der Satzbedeutung von einer Zeile zur nächsten, wenn ergänzende Teile des Satzes hinzukommen: *fallen* → *fallen über* → *herfallen über*. Die Wortverbindung *sich selbst* wird vom Akkusativobjekt zum Dativobjekt. Dabei bleibt die vorausgehende Zeile als Grundlage für die nachfolgende erhalten und bildet zu ihr einen deutlichen Kontrast.

„Zeit ist Geld“, sagte der Ober, da addierte er das Datum mit.

„Einen fröhlichen Geber hat Gott lieb“, sagte der Lausbub, da gab er dem andern lachend eine Ohrfeige.

Feststehende Wortverbindungen wie Redewendungen, geflügelte Worte, Sprüche und Sprichwörter können trotz ihrer formalen und inhaltlichen Stabilität mit Hilfe eigenwilliger Kontexteinbettung eine völlig neue Bedeutung annehmen und zu dieser eine Spannung aufbauen. Bei beiden „Sagwörtern" stellt der Sprecher die im zitierten Sprichwort überlieferte Erfahrungsweisheit auf den Kopf. Er biegt es ironisch um und gibt ihm eine ganz neue Sinnrichtung.

Nicht mit dem Kopf durch die Wand – mit Köpfchen! (Wolfgang Mocker)

Herr, vergib ihnen, denn sie wissen, was sie tun! (Karl Kraus)

Der Apfel fällt nicht weit vom Ross.
Ewig währt am längsten.
Ein blinder Mann trinkt auch mal 'nen Korn.

Werden die feststehenden Wortverbindungen selbst auch nur leicht verändert, so gehen sie doch eine besondere Beziehung zwischen den Bedeutungen von Original und Variante des jeweiligen Satzes ein. Die bekannte Originallesart bildet den Hintergrund, vor dem die Variante erscheint und zum Vergleich auffordert. Dabei entpuppen sich manche Konstituenten als mehrdeutig (*Apfel*, *Korn*). Andere werden durch morphologisch-semantisch verwandte Wörter ersetzt (*Kopf* → *Köpfchen*), mit denen die Bedeutung der Redewendung umgebogen wird (‚Körperteil' → ‚Verstand'). Wieder andere werden durch klangähnliche Wörter ausgetauscht, die den Sinn banalisieren (*ehrlich* → *ewig*). Und es kann, wie in dem Aphorismus von Karl Kraus, die Bedeutung in ihr ebenfalls sinnvolles Gegenteil verkehrt werden: In der Tat hat derjenige, der weiß, welche Untaten er begeht, Vergebung noch viel nötiger, als derjenige, der nicht richtig einschätzt, was er mit seinen Taten anrichtet.

Volksgut: ***Dunkel war's, der Mond schien helle,***
Schnee lag auf der grünen Flur,
Als ein Wagen blitzeschnelle
Langsam um die Ecke fuhr.
Drinnen saßen stehend Leute,
Schweigend ins Gespräch vertieft,
Als ein totgeschoss'ner Hase
Auf der Sandbank Schlittschuh' lief.
Drinnen saß ein holder Jüngling,
Schwarzgelockt mit blondem Haar,
Neben ihm 'ne alte Schachtel,
Zählte kaum ein halbes Jahr,
In der Hand 'nen Butterwecke,
Der mit Schmalz bestrichen war.

Textkohärenz, die innere Stimmigkeit und Widerspruchsfreiheit der einzelnen Aussagen und Satzinhalte, ist neben deren inhaltlich zusammenhängender Folge (thematische Progression) und ihrer grammatischen Verknüpfung (Textkohäsion) ein zentrales Merkmal der Textualität sprachlicher Erscheinungen. Auch gegen das Gebot der Kohärenz kann sprachspielerisch verstoßen werden. Der abgedruckte mündlich überlieferte, sehr verbreitete Text enthält sehr krasse Widersprüche durch Gegenüberstellung unvereinbarer Antonyme. *Dunkel* und *hell, schnell* und *langsam* schließen sich gegenseitig aus, ebenso *sitzen* und *stehen* usw. Auch die beschriebenen Sachverhalte können nicht gleichzeitig existieren: Ein toter Hase kann nicht Schlittschuh laufen und schon gar nicht auf einer Sandbank. Die Darstellung einer solchen „verkehrten Welt“ ist besonders bei Kindern beliebt, die ihre Welterfahrung und ihre Sprachkompetenz erst noch erweitern müssen. Die Widersprüche werden von ihnen erkannt und nach den Kriterien „entweder – oder“ aufgelöst. Das bestätigt ihre schon erworbenen Kenntnisse und bereitet durch die hervorgerufene Komik Vergnügen.

Fragt der Zöllner den zerstreuten Professor am Grenzübergang: „Kognak? Whisky? Zigaretten?“ – „Nein, danke sehr“, sagt der Professor, „aber wenn ich vielleicht ein Gläschen Milch bekommen könnte?“

Erkundigt sich der Mieter aus dem Parterre:
„Haben Sie denn gestern Abend nicht gehört, wie ich an die Decke geklopft habe?“
„Doch, aber das macht nichts. Bei uns war es auch sehr laut.“

Die Pointen der beiden Witze beruhen auf der Ambiguität der durchgeführten Sprachhandlungen. Die Fragehandlung des Zöllners wird als Angebotshandlung missverstanden, die Beschwerdehandlung des Mieters als Entschuldigungshandlung. Insofern misslingt die Kommunikation der Witzfiguren. Der Witzrezipient dagegen durchschaut die Missverständnisse. Er erfasst die Diskrepanz zwischen Gemeintem und Verstandenem, die das Sprachspiel ausmacht.

Schließlich bietet auch die formale Textgestaltung, das Layout, einen Ansatz für sprachspielerisches Handeln. In der „Konkreten Poesie“ dient die Sprache nicht mehr der Beschreibung eines Gegenstands oder Sachverhalts, sondern zeigt diesen selbst. In der Version der „Visuellen Poesie“ wiederholt oder erweitert die präsentierte Textform den Textinhalt.

Reinhard Döhl:

Bei flüchtiger Betrachtung sieht man in der Abbildung zunächst außer einer abstandslosen Reihung des Wortes *Apfel* nur den Querschnitt durch die so bezeichnete Frucht. Man erkennt die Beziehung zwischen geschriebenem Wort, Wortinhalt und mit dem Wort gemeintem außersprachlichen Gegenstand. Das Layout signalisiert dem Betrachter: So sieht der hier mehrfach erwähnte Apfel von der Seite aus. Bei genauerem Hinsehen entdeckt man unter den vielen

Apfel-Wörtern auch ein anderes Wort: Der *Apfel* hat einen *Wurm*. Dieser ist so platziert, dass er die Vorstellung einer Wurmstichstelle im Apfel weckt. Das ist ebenfalls eine Visualisierung der sprachlichen Aussage.

Timm Ulrichs: **Ordnung**

ordnung ordnung
ordnung ordnung
ordnung ordnung
ordnung ordnung
ordnung ordnung
ordnung unordn g
ordnung ordnung
ordnung ordnung
ordnung ordnung
ordnung ordnung
ordnung ordnung

Die zweiundzwanzigmalige Wiederholung des einzigen Wortes *ordnung* in einer Positionierung, die optisch an zwei aufgestellte Schlachtreihen von Soldaten oder an zwei peinlich genau aufgestapelte Türme aus identischen Bauteilen erinnert, ruft nicht nur die konventionelle Wortbedeutung auf: ‚das Geordnetsein, der geordnete, ordentliche Zustand'. Das Arrangement versinnbildlicht als zweites, visuelles Ausdrucksmittel darüber hinaus Wortbedeutung und Referenzobjekt. Wort und Bild wären absolut bedeutungsgleich, gäbe es da nicht in der zweiten Reihe ein Element, das „aus der Reihe tanzt": Zwei Buchstaben des Wortes verrutschen nach vorn und verwandeln auf einen Schlag die strenge Ordnung der Wortreihen in ihr Gegenteil: die *unordnung*, sowohl als Wort wie auch als visueller Text. Die Doppelinformation bleibt für den Betrachter/Leser erhalten und macht den Reiz des Sprachspiels aus.

2. Anstöße zur Sprachreflexion

Sprachdidaktisch zeichnen sich sprachspielerische Texte dadurch aus, dass sie auf einzigartige Weise Anstöße zum entdeckenden Lernen im Bereich der Sprachreflexion geben. Die anfängliche Irritation durch normwidrige, „falsche" sprachliche Äußerungen oder unkonventionelle Sprachverwendungen weicht bald der Erkenntnis, dass die Regelverstöße keine Fehler sind, sondern absichtliche Sprachexperimente mit besonderer Aussagekraft. Gleichzeitig ruft der jeweilige Regelverstoß während des Spracherwerbs mental gespeicherte **Regeln und Sprachkonventionen** ins Bewusstsein und hilft, diese möglichst präzise zu bestimmen und zu formulieren.

Unbekannter Verfasser: ***Im Blumengeschäft***

„Sind die Blumen künstlich?"
„Natürlich!"
„Natürlich?"
„Nein, künstlich!"
„Also, sind sie nun künstlich oder natürlich?"
„Natürlich künstlich!"

Der Dialog zwischen Kunde und Verkäufer macht auf wichtige Merkmale der Wörter als Sprachzeichen aufmerksam. Er demonstriert die Tatsache, dass alle Wörter der Standardsprache, im Unterschied zu den exakt definierten Begriffen der Fachsprachen, polysem sind. Sie verfügen über ein Bedeutungspotenzial, das sie bei Gebrauch in unterschiedlichen Zusammenhängen mit verschiedenen Lesarten auftreten lässt. Ein einziger formaler Zeichenkörper (Signifikant als Folge von Lauten oder Buchstaben) ist konventionell mit mehreren Zeicheninhalten (Signifikaten) verbunden. Das Antonymenpaar *künstlich – natürlich* ist dafür ein Beispiel. Deutlich wird, dass die Mehrdeutigkeit der Lexeme bei der Kommunikation zu Missverständnissen und zum Aneinander-Vorbeireden führen kann. Deshalb wird Polysemie manchmal als eine Schwäche der Standardsprache angesehen. In Wirklichkeit sorgt sie für Sprachökonomie: Wir benötigten einen viel umfangreicheren Wortschatz, wenn jedes Element des Lexikons nur eine einzige Bedeutung hätte. Im Übrigen sorgt der Kontext beim Sprachgebrauch in den allermeisten Fällen dafür, dass erkennbar ist, welche Lesart jeweils gemeint ist (Disambiguierung). Bei dem Dialog im Blumengeschäft würden wenige zusätzliche Ausdrücke und Umformulierungen für Klarheit sorgen, z. B.: *„Sind dies künstliche Blumen?“ – „Natürlich sind es künstliche Blumen.“*

Die Schüler können probieren, durch welche Veränderungen die Verständigung gelingen könnte. Sie können außerdem darüber nachdenken, wie man seine eigene Sensibilität für Mehrdeutigkeiten schärfen und Missverständnisse durch eindeutige Formulierungen, Kommentare („Versteh mich nicht falsch!“) und Rückfragen („Wie meinst du das?“) vermeiden oder wenigsten im Nachhinein aufklären und beseitigen kann.

Hans-Joachim Neumann: ***Der Rausch und seine Folgen***

Weil gar so schön im Glas der Wein geblunken,
hat sich der Hans dick vollgetrinkt.
Drauf ist im Zickzack er nach Haus gehunken,
der Liebsten in den Arm gesinkt.
Doch weil er gar zu sehr nach Wein gestinkt,
hat sie ganz zornig abgewunken
und vor der Nas‘ die Tür ihm zugeklunken.

Eine zweite elementare Einsicht in die Funktion und Struktur unserer Sprache betrifft die Flexion der Wörter. Dass diese innerhalb von Äußerungen ihre Form verändern, wird bereits während des kindlichen Spracherwerbs erfasst und verinnerlicht, etwa bei der Unterscheidung von Singular und Plural oder Präsens und Präteritum. Die Bindung der Flexionsformen an bestimmte Wortarten, die Unterschiede zwischen Deklination, Konjugation und Komparation, die Tempora und Personalformen beim Verb sowie die Kasus und Numeri beim Substantiv: All dies wird erst im Grammatikunterricht ans Bewusstsein gehoben. Das gilt erst recht für die Kontextabhängigkeit der Formen und ihre Steuerung durch grammatische Regeln. Bei den Verben ist zudem der Unterschied zwischen der historisch älteren starken Flexion und der jüngeren schwachen Flexion zu klären, zumal es in der Gegenwartssprache auch Zweifelsfälle gibt: *Sie buk den Kuchen.* Oder: *Sie backte den Kuchen*? *Die Spinne wob/webte ihr Netz*? Noch unsicherer sind viele Sprecher, wenn sie sich beim Partizip zwischen *gewinkt* und *gewunken* entscheiden sollen: *Er hat beim Abschied gewinkt/gewunken*?

An diese Unsicherheit knüpft Hans-Joachim Neumann an, wenn er, freilich recht willkürlich und vom Spaß am Reimen getrieben, seine Geschichte vom stark betrunkenen und seiner Sprache nicht mehr ganz mächtigen *Hans* mit krassen Verstößen gegen die Regeln der Grammatik ausstattet. Die von ihm verwendeten Verben enden im Infinitiv alle auf *-inken* und gehören bei starker Flexion der Ablautreihe *i – a – u* an: *trinken, trank, getrunken*. Bei schwacher Flexion kommt es zu keinem Vokalwechsel im Wortstamm, das *i* bleibt erhalten: *blinken, blinkte, geblinkt*. Der Autor des Textes wendet nun die jeweils falsche Flexion an und erfreut sich dabei an dem komischen Klang der Verben. Für die Schüler ist das ein lustiger Anstoß zur genaueren Untersuchung der gültigen Verbflexion.

Rudolf Otto Wiemer: ***Hilfsverben***

Ich würde sagen wir sollten
Ich sollte meinen wir hätten
Ich hätte gedacht wir könnten
Ich könnte schwören wir möchten
Ich möchte annehmen wir müssten
Ich müsste glauben wir würden

Ich würde sagen wir müssten
Ich müsste meinen wir möchten
Ich möchte glauben wir könnten
Ich könnte schwören wir hätten
Ich hätte gedacht wir sollten
Ich sollte glauben wir würden

Ich würde sagen wir dächten
Ich dächte das wär's
würde ich sagen

Der Text wird von Formen des Konjunktiv II (Verbalstamm Präteritum) als Ausdruck des Nicht-Wirklichen (Irrealis), also des Nur-Möglichen oder Unmöglichen, beherrscht (mögliche Nicht-Faktizität). Bei den starken Verben tritt, soweit das möglich ist, Umlaut des Präteritalstammes ein: *wurde – würde, hatte – hätte, konnte – könnte.* Bei den schwachen Verben gibt es dagegen keinen Formunterschied zum Indikativ: *sollte – sollte.* Das Zusammentreffen des Modus Konjunktiv mit den Modalverben *müssen, sollen, dürfen, mögen, wollen, können*, mit denen Sachverhalte als möglich, notwendig oder bedingt notwendig eingeordnet werden, verstärkt den Eindruck eines nur vorgestellten, nur in Gedanken erwogenen Handelns, das nicht in tatsächliches Geschehen umgesetzt wird. Dazu passt, dass die mit den Modalverben verbundenen Infinitive bzw. Partizipien alle zu kognitiven Verben der Gedankenpräsentation und Gedankenäußerung gehören: *sagen, meinen, denken, schwören, annehmen, glauben.*

Der Verzicht auf inhaltstragende Vollverben im Text, die den Gegenstand der Reflexionen bezeichnen, verdunkelt dessen Thema, lässt offen, um welche denkbaren Aktivitäten es eigentlich geht. Und die regelmäßige Wiederaufnahme des Verbs des untergeordneten Satzes im übergeordneten Satz der Folgezeile erweckt die Vorstellung eines sich im Kreis drehenden, nicht vorankommenden Textfortschritts. Die Wiederholung des Strophenanfangs *Ich würde sagen* in allen drei Strophen und seine abschließende Variante *würde ich sagen* am Ende betonen in Kombination mit dem Schlusssignal *das wär's* nachdrücklich, dass das inhaltsleere Gedankenspiel ergebnislos aufgegeben wird.

Im Gegensatz zum allgemeinen Zurückweichen des Konjunktivs im gegenwärtigen Sprachgebrauch breitet sich in mündlicher Rede der so genannte „Selbstverleugnungskonjunktiv" aus: *Ich würde sagen … – Würden Sie nicht auch meinen wollen …?* Kritisch interpretiert wird diese Form der Äußerung als feiges, ängstliches Zurückweichen davor, seine Meinung klar zum Ausdruck zu bringen. Man hat Scheu, sich festzulegen.

Rudolf Otto Wiemers Gedicht bietet für eine Behandlung im Grammatikunterricht mehrere Ansatzstellen. Der Konjunktiv kann im Blick auf die Formbildung und seine Modalität untersucht werden. Ebenso kann die Funktion der Modalverben und ihre reguläre Verbindung mit Vollverben geklärt werden. Dabei sollte die Überschrift des Gedichts kritisch betrachtet werden: Als „Hilfsverben" gelten nicht die im Text verwendeten Modalverben, sondern die Verben *haben, sein* und *werden*, wenn sie zusammen mit Voll- oder Modalverben zur Bildung von Tempus- und Passivformen benötigt werden: *habe geschlafen, ist geschehen, wird gemacht.* Auch kann über die Bewertung des „Selbstverleugnungskonjunktivs" diskutiert werden.

Hans Manz: ***Zum Schnelllesen***

Drei Sekunden nach dem Alarm quoll die ganze
Polizeikompanie aus der *Wachs-*
tube ins Freie.
Über die Grenze kommst du am besten, wenn du
die Zöllner mit dem neuen Registrieramt-
spaß zufrieden stellst.
Als wir in der Armee noch alles zu Fuß machen
mussten, da gab's Qualm-
ärsche, die einem tagelang in den Knochen lagen.
Habt ihr gehört, man hat den vermissten Wanderer
lebend in einem abgelegenen Wal-
darm ***gefunden?***

Winfried Ulrich: ***Stimmt das?***

Blasebalg – pustendes Kleinkind
Brechstange – Halterung für Seekranke
Tornister – in Hauseinfahrt brütender Vogel
Posaunen – Dampfsitzbäder
Luftaufnahme – Foto von Unsichtbarem

Gerade in der deutschen Sprache ist die Bildung mehrgliedriger, häufig sogar vielgliedriger zusammengesetzter Wörter ein verbreitetes Verfahren. Es lohnt sich zu prüfen, nach welchen Regeln diese Kompositionen durchgeführt werden. Für die Bedeutung des Gesamtwortes ist entscheidend, welche Wortbausteine (Morpheme) dafür verwendet werden und wie diese ihre Bedeutungen miteinander vereinen. Hans Manz zeigt, was dabei herauskommt, wenn man die Grenze zwischen den Morphemen verschiebt: *Wach-stube → Wachs-tube, Registrieramts-paß → Registrieramt-spaß, Qual-märsche → Qualm-ärsche, Wald-arm → Wal-darm.* Und die Bedeutungsangaben im zweiten Text beruhen auf Umdeutungen und Neuinterpretationen der Komposita, deren Grundlage die Mehrdeutigkeit eines Wortbestandteils ist (*Balg*: ‚Beutel aus

Tierhaut' – ,unartiges Kind'; *brechen*: ,durchtrennen' – ,sich übergeben'), die Anlehnung von Fremdwörtern an deutsche Morpheme (*Tornister, Posaunen*) oder eine unkonventionelle Verknüpfung von Wortbausteinen (,Aufnahme von der Luft aus' – ,Aufnahme des Objekts Luft').

Winfried Ulrich: ***Es ist eigentlich widersinnig,***

wenn eine Taube einen Knall hört und erschrocken auffliegt,
wenn jemand leise zur Laute singt,
wenn ein Glatzkopf etwas haarsträubend findet,
wenn ein Vater ein Muttermal hat,
wenn eine Schraube nagelneu ist,
wenn eine Tulpe rosenrot ist,
wenn ein Friseur kein gutes Haar an jemandem lässt,
wenn ein Hellseher für die Zukunft schwarz sieht,
wenn ein Flötenspieler überall die erste Geige spielen will,
wenn ein Katzenzüchter auf den Hund kommt,
wenn ein Eskimo seinen Freund auf die Palme bringt,
wenn ein Architekt das ganze Haus auf den Kopf stellt,
wenn ein Dicker sich bei Gefahr dünne macht,
wenn jemand sich im Handumdrehen ein Bein bricht.

Die angeblichen *Widersinnigkeiten* ergeben sich auf verschiedenen sprachlichen Ebenen. Der jeweilige Kontext führt zur Assoziation homonymer (gleich klingender und gleich geschriebener) Wörter wie *taub* zu *Taube* und *laut* zu *Laute* und bei mehrdeutigen Wörtern zur Assoziation einer zweiten Lesart wie ursprünglich ,die Haare sträuben machend' neben ,schrecklich, entsetzlich' bei *haarsträubend,* wobei der metaphorische Gebrauch rückgängig gemacht wird. Bei zusammengesetzten Wörtern wird die verblasste Ausgangsbedeutung einer Konstituente aufgefrischt: *Mutter, Nagel, Rose*. Vor allem aber werden feste Redewendungen auf die vormetaphorische Bedeutung von freien Wortverbindungen zurückgeführt: *kein gutes Haar an jemandem lassen, schwarz sehen, die erste Geige spielen, auf den Hund kommen, auf die Palme bringen, auf den Kopf stellen, sich dünne machen, im Handumdrehen.*

Die Schüler können an diesem Text vor allem die große Kontextabhängigkeit der Bedeutung sprachlicher Ausdrücke und deren Einbettung in Satzbedeutungen erfassen. Das Einzelwort hat als isoliertes Lexem immer nur Bedeutungspotenzial, also bei Gebrauch mögliche Bedeutungen. Aus diesem Bestand tatsächlich aktualisierte Bedeutung besitzt es erst bei Verwendung im Kontext. An den Redewendungen ist abzulesen, wie aus syntaktisch lose miteinander verknüpften Wörtern feste Fügungen (Phraseologismen) werden. Deren Festigkeit zeigt sich darin, dass sie schon bei leichten Veränderungen wie Auslassungen, Ergänzungen oder Wortaustausch ihre idiomatische Bedeutung verlieren, z. B.: **kein Haar an einem lassen, *kein gutes Haar an einem Kopf lassen, *kein graues Haar an einem lassen.*
Untersucht werden kann daneben auch der Vorgang der Metaphernbildung. Was verbindet den „Quellbereich" mit dem „Zielbereich", den „Bildspenderbereich" mit dem „Bildempfängerbereich"? Welche Rolle spielen Begleitvorstellungen (Konnotationen) bei der Metaphorisierung? Bleibt die ursprüngliche Bedeutung im neuen Verwendungszusammenhang ganz oder teilweise erhalten, oder wird sie völlig aufgegeben?

Rudolf Otto Wiemer: ***partizip perfekt***

gezeugt geboren gewimmert
getrunken gelallt gespielt
gelernt gekuscht geschlagen
geliebt geheiratet gemustert
marschiert marschiert marschiert
geschossen gezittert geschnappt
gehumpelt geklaut gehungert
gesessen gehurt geschieden
geschuftet geflucht gefeiert
gekotzt geröntgt geschissen
gewimmert gestorben gelebt

Ein Text ist eine thematisch geordnete Äußerungsmenge als sprachliche Realisierung einer Kommunikationshandlung. Die ältere Auffassung, ein Text sei stets eine Verbindung mehrerer aufeinander folgender Sätze, die zusammen einen Sinnzusammenhang konstituieren, wird so nicht mehr geteilt. Rudolf Otto Wiemer zeigt, dass es möglich ist, ein Exemplar der Textsorte Lebenslauf durch die durchgängige und ausschließliche Verwendung des Partizips Perfekt zu verfassen: von Zeugung und Geburt eines Menschen bis zu seinem Tod. Dabei macht er deutlich, welche Höhen, vor allem aber welche Tiefen dieser Mensch, z.B. als Soldat im Krieg, durchlebt hat. Die an Texte zu stellenden Forderungen einer thematischen Progression und einer Textkohärenz sind also auch ohne ausformulierte Sätze einzulösen.
Warum aber hat der Autor sich gerade auf Partizipien beschränkt? Welche Wirkung geht von ihnen aus? Das Partizip II bezeichnet als „Partizip Perfekt" ein Geschehen, das bereits stattgefunden hat. Als „Mittelwort" vereint es in sich Eigenschaften von Verb und Adjektiv. Es wird aus einem Verb gebildet, aber oft wie ein Adjektiv verwendet. Somit bietet die Wortart sich zur Verbalisierung eines Rückblicks auf ein Leben an. Hinzu kommt, dass das Partizip II zur Verwendung eines Verbs im Passiv dient. Die zurückliegenden Ereignisse im dargestellten Verlauf des Lebens sind eben nicht nur aktive Handlungen (*gewimmert, getrunken … haben*), zum Teil auch erlittene Vorgänge (*gezeugt, geboren worden sein*) oder beides (*geschlagen, geliebt haben/worden sein*). In jedem Lebensabschnitt gibt es ein Nebeneinander von passivem Erdulden und aktivem Handeln. Das ist bezeichnend für ein *gelebt*-Haben.

Günter Grass: ***Vergleichsweise***

Eine Katze liegt in der Wiese.
Die Wiese ist hundertzehn
mal neunzig Meter groß;
die Katze dagegen ist noch sehr jung.

Die für einen Text notwendige Kohärenz der aufeinander folgenden, Zusammenhang schaffenden Textteile ist nur bei einer widerspruchsfreien inneren Stimmigkeit gegeben. Das adversative Konjunktionaladverb *dagegen* bereitet in dieser Hinsicht Probleme. Es dient stets zum Ausdruck gespannter, ja gegensätzlicher Beziehungen zwischen zwei Aussagen. Aber wo ist in dem Gedicht von einem Gegensatz die Rede? Dazu muss man doch erst einmal zwei miteinander vergleichbare Erscheinungen haben, die sich in einem gemeinsamen Merkmal vergleichen lassen. Die Überschrift des Gedichtes „Vergleichsweise" unterstellt auch eine solche Vergleichsmöglichkeit. Die Lösung des Rätsels lässt sich nur auf einer sehr abgehobenen, abstrakten, um nicht zu sagen philosophischen Ebene finden: Verglichen werden hier zwar nicht die sprichwörtlichen „Äpfel und Birnen", dafür aber die noch verschiedeneren Erscheinungen *Katze* und *Wiese*. Vergleichbar sind sie hier nur im Blick auf ihre Ausdehnung, allerdings einer Ausdehnung in den verschiedenen Dimensionen von Zeit und Raum. Die Katze ist *sehr jung*, also wenig ausgedehnt in der Dimension Zeit, die Wiese ist relativ *groß*, also recht ausgedehnt im Raum. Bei einer solchen Betrachtung besteht tatsächlich ein großer Unterschied zwischen Wiese und Katze, der dann den Gebrauch des Wörtchens *dagegen* rechtfertigt. Es stellt dann keinen Kohärenzverstoß mehr dar. Schülern wird der Text beim ersten Lesen möglicherweise banal, aber unanstößig vorkommen. Es kommt darauf an, dass sie dann beim wiederholten und besonders auf die Wortwahl achtenden Lesen das Wort *dagegen* als störend und unbegründet empfinden. So wird ihre Sensibilität für Textkohärenz geschärft, was ihnen auch beim Verfassen eigener Texte zugutekommt. Die Gelegenheit sollte genutzt werden, auch über andere Formen von Kohärenzverstößen nachzudenken: Was stört den kontinuierlichen Textaufbau, die thematische Progression inhaltlich? Sind es nicht zusammenpassende Textteile, fehlende, für das Verständnis erforderliche Aussagen, unlogische Verknüpfungen, falsche Reihenfolgen in der Darstellung? Ein gut entwickeltes Gespür für solche Fehler hilft dabei, Kohärenzverstöße in Texten zu entdecken und zu korrigieren bzw. sie zu vermeiden.

Unbekannter Verfasser: ***Schlechte Nachricht***

Ein Segler schickt folgendes Telegramm nach Hause:
„Freue dich nicht
unser Boot ist gesunken
Vater lebt nicht mehr
länger sollst du trauern".

Der Telegrammtext verdeutlicht die Bedeutung der Zeichensetzung und des Zeilensprungs bei schriftlichen Texten. Sie sind wichtige Hinweise auf die Struktur von Sätzen, auf die syntaktischen Beziehungen zwischen den Wörtern eines Satzes. Damit lassen sie auch erkennen, wie ein Satz inhaltlich zu verstehen ist. Der Verzicht auf Satzzeichen als Gliederungssignale sowie auf die Großschreibung am Satzanfang und ein bewusst irreführendes Zeilenende bewirken zusammen in diesem Fall, dass die zu übermittelnde Botschaft sich in ihr Gegenteil verkehrt. Die Schüler können zunächst die Funktion dieser schriftsprachlichen Regelungen herausstellen und dann ohne Probleme dem Telegramm die Gestalt geben, in der es eigentlich gemeint ist: *Freue dich! Nicht unser Boot ist gesunken. Vater lebt. Nicht mehr länger sollst du trauern.*

Maler zum Modell: „Ich möchte Sie am liebsten nackt malen!"
„Nein, nein, behalten Sie mal schön die Hose an!"

Hans Manz: ***Zwiegespräch***

„Ist jene dicke Person ..." „Welche Person?"
„... jene dicke Person im weißen Mantel,
die eben das Fenster schließt, eine Frau?"
„Nein, im Gegenteil."
„Also ist jene dicke Person im weißen Mantel,
die eben das Fenster schließt, ein Mann?"
„Nein, im Gegenteil."

Also ist die dünne Person im weißen Mantel,
die eben das Fenster schließt, ein Mann?"
„Nein, im Gegenteil."
„Ach so, die dünne Person im schwarzen Mantel,
die eben das Fenster schließt, ist ein Mann?"
„Nein, im Gegenteil: Die dünne Person im schwarzen
Mantel, die eben das Fenster öffnet, ist ein Mann."
„Bist du sicher?"
„Nein, im Gegenteil."

Nicht nur bei schriftlichen Texten, auch beim mündlichen Gespräch gilt es, Textbildungsregeln zu beachten, wenn die Verständigung gelingen soll. Bei jeder sprachlichen Äußerung muss man wissen, auf welche außersprachlichen Erscheinungen bzw. auf welche Vorstellungen davon sich die Wörter beziehen (Referenz). Im Witz missversteht das Modell, dass *nackt* sich auf *Sie* und nicht auf *Ich* rückbezieht, also das Modell selbst und nicht den Maler betrifft. Im *Zwiegespräch* beziehen sich beide Sprecher als Beobachter auf dieselbe *Person am Fenster.* Die Referenz dieses Ausdrucks ist also klar und unstrittig. Dennoch sind die Sprecher sich nicht einig, worüber sie reden. Beide scheinen unterschiedliche Auffassungen davon zu haben, über welche Eigenschaften die *Person* verfügt. Dabei scheint der eine Gesprächspartner ein wissender zu sein, der andere ein fragender. Kompliziert wird die angestrebte Einigung über den Gesprächsgegenstand dadurch, dass die Referenz von *im Gegenteil* in allen Antworten unklar bleibt: Auf welchen Teil des jeweiligen Fragesatzes ist der Ausdruck zu beziehen? Die Versuche, dies aufgrund der Bedeutung von *Gegenteil*, nämlich ‚Gegensatz zu etwas', durch Rückfragen mit Gegenwörtern / Antonymen herauszufinden, scheitert immer wieder. Schließlich verkündet der „Wissende" seine Einschätzung, widerruft sie aber sofort wieder durch Behauptung des *Gegenteils* und führt so den Dialog ad absurdum.

3. Textrezeption und Textproduktion

Literaturdidaktisch ist der Umgang mit sprachspielerischen Texten einerseits lustbetont, er bereitet und fördert Lesefreude. Andererseits ist er aber auch ein hervorragendes Mittel, um die Textrezeptionskompetenz und die Textproduktionskompetenz der Schüler zu fördern. Für das Lesevergnügen sorgt die häufig in den Texten auftretende **Komik**. Die Kompetenzerweiterung wird durch den **Rätselcharakter** der Texte angestoßen. An beidem beteiligt ist die in vielen Texten enthaltene **Pointe**.

Komik gilt als überraschende, Schmunzeln oder Lachen erregende Wirkung einer Situation oder Handlung, die sich aus der Unzulänglichkeit des Menschen oder der Tücke des Objekts ergibt. Ein Widerspruch gegenüber einer allgemeinen Erwartungsnorm wird plötzlich wahrgenommen. Der so entstehende komische Konflikt hat es im Gegensatz zum tragischen Konflikt stets mit etwas Unbedeutendem, Geringfügigem, Kleinem zu tun. Er muss nicht ernst genommen werden. Dabei ist die bloße Situationskomik, etwa die Torte im Gesicht in einem Stummfilm oder das wiederholte Stolpern des betrunkenen Butlers James in dem Film „Dinner for one", von der viel anspruchsvolleren Sprachkomik zu unterscheiden:

Beamte werden neuerdings nicht mehr versetzt, sondern umgebettet.

***Nach der sogenannten* Inkongruenztheorie** besteht der Auslöser komischer Wirkungen aus Diskrepanzen, aus einem Missverhältnis zwischen zwei miteinander in Beziehung stehenden Erscheinungen, aus deren fehlender Verträglichkeit und Übereinstimmung. Das verbindet die Komik mit dem Sprachspiel und seinem Aufdecken zweier Lesarten einer sprachlichen Erscheinung. Das verbindet die Komik aber auch mit der **Pointe**:

Da sag einer noch, wir zwei würden nicht zusammenpassen.

Die Vorstellung von einem Landstreicher, in der zeichnerischen Darstellung klein, unrasiert, schmutzig und zerlumpt, und die Vorstellung von einer Dame der vornehmen Gesellschaft, dargestellt als stattliche Erscheinung im festlichen Abendkleid und mit Sektglas in der Hand, bilden einen starken Kontrast, gehören zwei verschiedenen sozialen Welten an. Sie passen gar nicht zusammen, werden aber im Cartoon einander unmittelbar gegenübergestellt. Diese Gegenüberstellung ist die Grundlage der Pointe, aber noch nicht die Pointe selbst. Pointen haben immer etwas mit Verstehen zu tun. Wer eine Pointe verstehen will, muss durch genaueres Hinsehen oder schärferes Nachdenken die Inkongruenz der Konzepte als eine nur scheinbare entlarven. Die anfängliche Unklarheit (Ambiguität) der Bild- oder Textaussage (Was soll das eigentlich bedeuten?), die anfängliche Widersprüchlichkeit (Inkohärenz) und Rätselhaftigkeit (Wie ergibt das Ganze einen Sinn?) müssen der zumeist plötzlich eintretenden Erkenntnis weichen, dass die beiden Konzepte doch gut zusammenpassen, miteinander verträglich sind, wenn auch auf einer zunächst nicht erfassten Sinnebene. So mag bei dem Cartoon schon der aufmerksame Betrachter erkennen, dass die Körperprofile der beiden dargestellten ansonsten so verschiedenen Personen wie die Kärtchen bei einem Puzzlespiel ganz exakt zusammenpassen. Der hinzukommende Sprachteil des Cartoons ist für das Verständnis eigentlich gar nicht nötig, bringt die Pointe aber „auf den Punkt", indem das nun mehrdeutig erscheinende Verb *zusammenpassen* verwendet wird.

Man muss also die Pointe erst entdecken, um die Komik voll zu erfassen:

Eine Frau hat auf den Grabstein ihres Mannes folgende Worte setzen lassen: „Ruhe in Frieden – bis wir und wiedersehen."

Komik und Pointe können Lachen auslösen. Wer lachend lernt, lernt mit Vergnügen. Insofern kann sprachspielerische Literatur ein Unterrichtsgegenstand sein, der Schüler zum Lernen motiviert. Eine weitere Quelle der Motivation ist der **Rätselcharakter** der Texte. Sein Anspruch geht weit über das Verstehen von Pointen hinaus. Rätsel sind immer eine Herausforderung. Man möchte die Lösung finden und bemüht sich nach Kräften, wenn die Aufgabe nicht zu schwer erscheint. Hat man das Rätsel gelöst, nimmt man dies als Erfolgserlebnis wahr und freut sich.

PFEIFER SASS AUF DEM DACH UND PFIFF.
PFEIFER HAT NICHT GEPFIFFEN.
UND DOCH SASS PFEIFER AUF DEM DACH UND PFIFF.

Wie ist es möglich, dass *Pfeifer pfiff* und doch *nicht gepfiffen hat?* Lässt sich dieser offensichtliche Widerspruch, dieser Kohärenzverstoß im Text irgendwie beseitigen? Die Lösung des Rätsels hängt in diesem Fall mit der Groß- und Kleinschreibung zusammen. Die ausschließliche Großschreibung aller Buchstaben verdeckt, dass es sich nicht nur bei *Pfeifer* um den Namen einer Person handelt, sondern auch bei *Pfiff.* Es saßen also zwei Personen auf dem Dach, und niemand hat *gepfiffen*.

Sie ist das leichtsinnigste, aber auch dünnste Mädchen in der ganzen Stadt. Sie ist so dünn, dass jedes Mal, wenn sie eine Olive verschluckt, vier Männer Hals über Kopf die Stadt verlassen.

Beim Hören oder Lesen dieses Witzes nimmt man die Attribute des *Mädchens* zunächst noch gar nicht voll zur Kenntnis und sucht nach einem Zusammenhang zwischen *verschluckter Olive* und der überstürzten Flucht der Männer. Unter Umständen bleibt die Pointe des Übertreibungswitzes unverstanden. Erst beim Rückblick auf den ersten Satz und die Adjektive *leichtsinnig* und *dünn* entdeckt man vielleicht, dass das Mädchen mit etwas angeschwollenem Bauch den Eindruck hinterlässt, schwanger zu sein.

Manfred Mai: ***Aber wie***

Ich habe doch nichts gesagt
sagst du
und du hast recht
kein Wort
hast du gesagt –
aber wie

Der Text beginnt damit, dass der Sprecher eine Selbstverteidigung des Angesprochenen zitiert. Offenbar besteht ein Dissens zwischen beiden Personen, und der Sprecher hat dies dem Angesprochenen vorgeworfen. Erwartet hat er wohl eine verbale Auseinandersetzung mit Erklärungen. Tatsächlich schweigt das *Du* aber. So weit, d. h. bis zum Gedankenstrich, kann der Leser des Textes der Darstellung gut folgen. Die dann folgende letzte Zeile aber überrascht, und ihre Bedeutung erschließt sich vielleicht erst nach einigem Nachdenken. Vollständig würde sie lauten: *Aber wie du nichts gesagt hast!* Das ist eine Fortsetzung, wenn nicht eine Verstärkung des Vorwurfs. Wir kennen den Ausdruck „beredtes Schweigen" und meinen damit, dass es sich um ein bedeutungsvolles, vielsagendes Schweigen handelt. Es gibt eben neben der Sprache auch nonverbales kommunikatives Handeln. Ablehnung, Verurteilung, Verachtung, Gleichgültig-

keit: Alles lässt sich auch allein oder sprachbegleitend durch Mimik und Gestik oder ein bloßes Pfeifen zum Ausdruck bringen. Jedenfalls scheint das Schweigen den Sprecher aufgebracht zu haben. Er interpretiert es als Ablehnung.
Im Unterricht lässt sich über verschiedene Formen des Schweigens und seine möglichen Bedeutungen sprechen. Man kann sogar schriftlich „beredt schweigen“: Wenn z. B. in Arbeitszeugnissen zu zentralen Eigenschaften, typischen Merkmalen, wesentlichen Aufgaben des Berufsfeldes keinerlei Aussagen getroffen werden, also auffällig deutlich geschwiegen wird, wird das meist so verstanden, dass versteckt und indirekt eine negative Aussage über die beurteilte Arbeitskraft getroffen wird.

Jürgen Henningsen: ***Bedingungsformen***

Ich sage
Ich würde sagen
Ich hätte gesagt
Aber man hat Frau und Kinder

Auch bei diesem Text sucht der Leser zunächst etwas überrascht nach einer inhaltlichen Verbindung der letzten Zeile mit den vorangehenden. Thema ist das *Sagen*, eine von einem *Ich* erwogene sprachliche Äußerung, deren Inhalt verborgen bleibt. Von Zeile zu Zeile zögert der Sprecher immer mehr damit, wirklich auszusprechen, was er eigentlich sagen möchte. Er springt vom Indikativ *sage* als der Bezeichnung für ein tatsächliches Geschehen zum umschreibenden würde-Konjunktiv *würde sagen* als der Bezeichnung für ein unter gewissen Bedingungen mögliches Geschehen (Potentialis) und dann zum Konjunktiv II *hätte gesagt* als der Bezeichnung für ein nichtwirkliches Geschehen (Irrealis). Die Überschrift *Bedingungsformen* (auch deutsche Bezeichnung für „Konditionalis“) weist zusätzlich den durch das Verb *sagen* bezeichneten Sachverhalt als bedingt aus. Die Konjunktion *aber* in der letzten Zeile weist dann darauf hin, dass die Bedingungen für das Sprechen nicht gegeben sind. So wird die abschließende Begründung für das Nichthandeln zur Entschuldigung für das Schweigen unter angsteinflößenden Umständen: Die Rücksichtnahme auf das Schicksal der Familie verbietet eine an sich notwendige, für richtig gehaltene Aussage.

Unbekannter Verfasser:

Die Regierung geht mit der Zeit.

Gemeinsames Wahlplakat von Regierung und Opposition

Rätselhaft erscheint das Plakat auf den ersten Blick überhaupt nicht. Erst wenn man liest, dass es sich um ein Wahlplakat sowohl der Regierung wie auch der Opposition handelt, kann Verwunderung einsetzen: Wie können diejenigen, die sich ständig bekämpfen und miteinander um die Macht ringen, im Wahlkampf mit demselben Spruch für sich werben? Und dann zeigt sich, dass es eben nicht derselbe Spruch ist, obwohl es so aussieht. Die Regierung verwendet die idiomatische Wendung *mit der Zeit gehen* mit der Bedeutung ‚auf der geistigen Höhe der Zeit sein und nicht etwa hinter der modernen Entwicklung zurückbleiben', während die Opposition vom einfachen Verb *gehen* in der Lesart ‚abtreten' und einer Adverbialbestimmung *mit der Zeit* in der Lesart ‚demnächst, alsbald' ausgeht. Der Zeilensprung zwischen *mit* und *der* ist bewusst „neutral" gehalten. Er zertrennt sowohl die Redewendung wie auch die Adverbialbestimmung, so dass die Interpretation des Spruches offenbleibt und von der Artikulation beim Sprechen abhängt.

Ernst Jandl: ***schtzngrmm***

schtzngrmm
schtzngrmm
t-t-t-t
t-t-t-t
grrrmmmmm
t-t-t-t
s---------c---------h
tzngrmm
tzngrmm
tzngrmm
grrrmmmmm
schtzn
schtzn
t-t-t-t
t-t-t-t
schtzngrmm
schtzngrmm
tssssssssssssss
grrt
grrrrrt
grrrrrrrrrt
scht
scht
t-t-t-t-t-t-t-t-t-t
scht
tzngrmm
tzngrmm
t-t-t-t-t-t-t-t-t-t
scht
scht
scht
scht
scht
grrrrrrrrrrrrrrrrrrrrrrrrrrr
t-tt

Die Beschränkung auf aneinandergereihte Konsonantenbuchstaben ohne einen einzigen Vokal führt in diesem Lautgedicht zur scheinbar sinnlosen Wiedergabe nichtsprachlicher Geräusche. Man muss die Zeilen des „Sprechgedichts“ wohl mehrmals lautierend lesen und die produzierten Lautfolgen tastend genau „abhören“, um eventuell an ähnlich klingende Geräusche in der außersprachlichen Realität erinnert zu werden: Schüsse, Gewehrfeuer, Maschinengewehrsalven *t-t-t-t*, Granateneinschläge *grrrmmmmm*, fliegende Geschosse *s---------c---------h* wie im Krieg an der Front. Es ist ein Grabenkrieg, und das rekonstruierte Schlüsselwort zum Verständnis des Gedichts ist *Schützengraben.* Nach Weglassen aller Vokalbuchstaben des Wortes und nach Verschmelzung von Konsonanten ($b + n > mm$) ergibt es die Überschrift und einige Zeilen. Durch Vervielfachung und Trennung der Buchstaben, durch „Zersplitterung“ des Wortes in Bruchstücke ergeben sich die übrigen Zeilen. Die Zerstörung von Mensch und Natur spiegelt sich in der Zerstörung der Sprache.

Wolf Wondratschek: ***Liebesgeschichten***

Didi will immer.
Olga ist bekannt dafür. Ursel hat schon dreimal Pech gehabt.
Heidi macht keinen Hehl daraus.
Bei Elke weiß man nicht genau. Petra zögert. Barbara schweigt.
Andrea hat die Nase voll. Elisabeth rechnet nach.
Eva sucht überall. Ute ist einfach zu kompliziert.
Gaby findet keinen. Sylvia findet es prima.
Marianne bekommt Anfälle.
Nadine spricht davon. Edith weint dabei. Hannelore lacht darüber.
Erika freut sich wie ein Kind.
Bei Loni könnte man einen Hut dazwischenwerfen.
Katharina muss man dazu überreden. Ria ist sofort dabei.
Brigitte ist tatsächlich eine Überraschung.
Angela will nichts davon wissen.
Helga kann es.
Tanja hat Angst. Lisa nimmt alles tragisch.
Bei Carola, Anke und Hanna hat es keinen Zweck.
Sabine wartet ab. Mit Ulla ist das so eine Sache.
Ilse kann sich erstaunlich beherrschen.
Gretel denkt nicht daran. Vera denkt sich nichts dabei.
Für Margot ist es bestimmt nicht einfach.
Christel weiß, was sie will. Camilla kann nicht darauf verzichten.
Gundula übertreibt. Nina ziert sich noch.
Ariane lehnt es einfach ab. Alexandra ist eben Alexandra.
Vroni ist verrückt danach. Claudia hört auf ihre Eltern.
Didi will immer.

Was *will Didi immer*? Er ist offenbar der einzige Mann in dieser Geschichte mit den vielen Frauennamen, wird aber rahmenbildend an den Anfang und den Schluss des Textes gesetzt. Und wozu haben die vielen Mädchen und Frauen ein jeweils ganz individuelles Verhältnis? Mancher Satz lässt eine Vermutung aufkommen, aber der entscheidende Schlüssel zum Lösen des Rätsels ist die Überschrift *Liebesgeschichten*. Didi will immer „Liebe machen“, und die Mädchen oder Frauen reagieren auf seine Annäherungen sehr verschieden.

Ob man als Leser die Herausforderung eines rätselhaften Textes mit nebulösem Inhalt überhaupt annimmt oder aber die rätselhafte Erscheinung als unklar und unausgegoren abtut, hängt freilich auch von der individuellen **Bereitschaft und Befähigung** des Rezipienten ab, **sich auf Unklarheiten und Mehrdeutigkeiten einzulassen**. In der Psychologie betont man, wie wichtig es für die Persönlichkeitsentwicklung ist, dass man lernt, die Koexistenz sich wiedersprechender Eigenschaften in ein und derselben Erscheinung zu erkennen und zu akzeptieren. Der weit verbreitete Wunsch nach Eindeutigkeit verleitet dazu, die Welt und ihre Gegebenheiten entweder schwarz oder weiß zu sehen, gut oder böse, richtig oder falsch, als Freund oder Feind, als Gewinner oder Verlierer. Eine erworbene **Ambiguitätstoleranz**, auch als Unsicherheits- oder Ungewissheitstoleranz bezeichnet, befähigt dagegen, mehrdeutige und schwer durchschaubare Situationen, Personen, Gegenstände und in sich widersprüchliche Handlungen zu ertragen. Auch negativ und positiv bewertete Eigenschaften müssen sich dann nicht gegenseitig ausschließen, sondern sind miteinander vereinbar.

Die Sprachspieltexten grundsätzlich eigene Ambiguität, ihre sprachliche Unklarheit kann von Schülern auch als Zumutung empfunden werden. So genannte „hermetische Literatur“ erscheint dunkel und geheimnisvoll und entzieht sich einem unmittelbaren Verständnis. Sie ist oft so schwer zugänglich und verständlich, dass Schüler darauf mit Ablehnung reagieren können: „Was soll ich mit solchem Quatsch anfangen?“ Dabei ist es im Literaturunterricht nicht nur wichtig, Schüler auch an hermetische Lyrik, etwa von Gottfried Benn, Ingeborg Bachmann und Paul Celan heranzuführen. Es ist generell die Aufgabe des Unterrichts, Schüler anzuleiten, sich nicht mit einer oberflächlichen Lektüre der Texte zufrieden zu geben, sondern auch „zwischen den Zeilen zu lesen“, d. h. **Mehrdeutigkeiten und verborgene Bezüge aufzuspüren**. Erst dann kann ein literarischer Text voll verstanden werden. Ambiguitätstoleranz ist also ganz allgemein von fundamentaler Bedeutung für den Umgang mit Literatur. Zum Glück kann man sie erlernen und trainieren. Besonders geeignet erscheinen Sprachspieltexte als Gegenstand und Mittel solcher Bemühungen.

Paul Celan: ***ESPENBAUM,***

dein Laub blickt weiß ins Dunkel.
Meiner Mutter Haar ward nimmer weiß.
Löwenzahn, so grün ist die Ukraine.
Meine blonde Mutter kam nicht heim.
Regenwolke, säumst du an den Brunnen
Meine leise Mutter weint für alle.
Runder Stern, du schlingst die goldne Schleife.
Meiner Mutter Herz ward wund von Blei.
Eichne Tür, wer hob dich aus den Angeln?
Meine sanfte Mutter kann nicht kommen.

Die einzelnen Sätze des Gedichts fügen sich nur schwer zu einer Gesamtaussage zusammen. Immer wieder ist allerdings von der *Mutter* die Rede. Sie ist offenbar tot, und ihr Tod ist das zentrale Thema. Doch was bedeuten die eingestreuten Aussagen über Natur, Stern und Tür? Weiß man, dass das Gedicht 1945 entstanden ist, drei Jahre nachdem Celans Eltern deportiert wurden und im Konzentrationslager starben, wird manches verständlicher, wenn auch nicht eindeutig. Das Leid der Opfer des Holocaust „schreit zum Himmel". Im Gegensatz zur Natur und zum Kosmos ist die menschliche Ordnung gestört, *aus den Angeln gehoben*. Die Sonne geht auf und unter, die Mutter aber ist einmal gegangen und kommt nicht mehr zurück.

Hans Magnus Enzensberger: ***An alle Fernsprechteilnehmer***

etwas, das keine farbe hat, etwas,
das nach nichts riecht, etwas zähes,
trieft aus den verstärkerämtern,
setzt sich fest in die nähte der zeit
und der schuhe, etwas gedunsenes,
kommt aus den kokereien, bläht
wie eine fahle brise die dividenden
und die blutigen segel der hospitäler,
mischt sich klebrig in das getuschel
um professuren und primgelder, rinnt,
etwas zähes, davon der salm stirbt,
in die flüsse, und sickert, farblos,
und tötet den butt auf den bänken.

die minderzahl hat die mehrheit,
die toten sind überstimmt.

in den staatsdruckereien
rüstet das tückische blei auf,
die ministerien mauscheln, nach phlox
und erloschenen resolutionen riecht
der august. das plenum ist leer.
an den himmel darüber schreibt
die radarspinne ihr zähes netz.

die tanker auf ihren helligen
wissen es schon, eh der lotse kommt,
und der embryo weiß es dunkel
in seinem warmen, zuckenden sarg:

es ist etwas in der luft, klebrig
und zäh, etwas, das keine farbe hat
(nur die jungen aktien spüren es nicht):
gegen uns geht es, gegen den seestern
und das getreide, und wir essen davon
und verleiben uns ein etwas zähes,
und schlafen im blühenden boom,
im fünfjahresplan, arglos
schlafend im brennenden hemd,
wie geiseln umzingelt von einem zähen,
farblosen, einem gedunsenen turm.

Was ist das für ein seltsames *etwas*, das sich unaufhaltsam ausbreitet, dabei unsichtbar ist und tötet, das man sich mit dem Essen arglos *einverleibt*? Es ist kaum direkt, umso mehr in seinen Wirkungen wahrzunehmen, es bedroht die Menschen und die lebende Natur. Zwar werden *Resolutionen* dagegen verfasst, doch bleiben sie politisch folgenlos, und die Wirtschaft floriert. Die Andeutungen verdichten sich zu der Mutmaßung, dass es sich bei dem *etwas* um Radioaktivität handelt. Atomenergie treibt Tanker an, dient der Energieerzeugung, gefährdet Luft und Wasser, verseucht Himmel und Meer. Eine solche Deutung erscheint plausibel, muss allerdings nicht die einzig mögliche Interpretation sein.

Carlo Manzoni: ***Der Hausschlüssel***

Signor Veneranda blieb vor einer Haustür stehen, betrachtete die dunklen geschlossenen Fensterläden und pfiff mehrmals, als wolle er jemanden rufen.
An einem Fenster des dritten Stockes erschien ein Herr.
»Haben Sie keinen Schlüssel?« schrie der Herr, um sich verständlich zu machen.
»Nein, ich habe keinen Schlüssel«, schrie Signor Veneranda.
»Ist die Haustür zugeschlossen?« schrie der Herr am Fenster wieder.
»Ja, sie ist zu«, antwortete Signor Veneranda.
»Dann werfe ich Ihnen den Schlüssel hinunter.«
»Wozu?« fragte Signor Veneranda.
»Um die Haustür aufzuschließen«, erwiderte der Herr am Fenster.
»Also gut«, schrie Signor Veneranda. »Wenn Sie wollen, dass ich die Haustür aufschließe, dann werfen Sie mir nur den Schlüssel herunter.«
»Aber müssen Sie denn nicht herein?«
»Ich? Nein. Wozu auch?«
»Wohnen Sie denn nicht hier?« fragte der Herr am Fenster, der nicht mehr recht mitkam.
»Ich? Nein«, schrie Signor Veneranda zurück.
»Und warum wollen Sie dann den Schlüssel?«
»Wenn Sie wollen, dass ich die Tür aufschließe, muss ich sie doch mit dem Schlüssel aufschließen. Glauben Sie vielleicht, ich könnte es mit einer Pfeife?« […]

Nicht nur der *Herr am Fenster*, auch der Leser fragt sich, was er von *Signor Veneranda* halten soll. Es ist unwahrscheinlich, dass er die Bedeutung konventioneller nichtsprachlicher Handlungen wie den *Pfiff* vor verschlossener Haustür und sprachlicher Handlungen wie das Frage-Antwort-Schema in Dialogen nicht kennt. Offenbar täuscht er Unkenntnis vor, um den Herrn bewusst in die Irre zu führen. Er bleibt ja vor der Haustür extra stehen, blickt nach oben und pfeift mehrmals genau so, *als wolle er jemanden rufen*. Und er antwortet immer nur auf das explizit Gesagte in den Fragen, nicht auf das (Mit-)Gemeinte, das sich aus der Situation ergibt. Mit *Haben Sie keinen Schlüssel?* ist natürlich gemeint: *Haben Sie keinen Schlüssel, um damit die verschlossene Haustür aufzuschließen?* Es muss ihm aufgehen, inwiefern der *Herr am Fenster* die von ihm herbeigeführte Situation mit der Bitte um Hilfe völlig falsch versteht. Und es wäre für ihn leicht, dieses Missverständnis nicht nur zu erkennen, sondern mit wenigen Worten aufzuklären: „Ich will gar nicht ins Haus." *Signor Veneranda* verletzt die „Aufrichtigkeitsbedingungen", ohne die mündliche Verständigung nicht gelingen kann. So provoziert er absichtlich das Aneinandervorbeireden im Dialog. Er verhält sich wie ein italienischer „Till Eulenspiegel". Die Schüler können klären, mit welchen Worten Veneranda in jeder Phase des

Gesprächs, nach jeder Frage eine Klärung herbeiführen könnte und eigentlich müsste, wenn es ihm um das Gelingen der Verständigung ginge.

Bertolt Brecht: ***Das Wiedersehen***

Ein Mann, der Herrn K. lange nicht gesehen hatte, begrüßte ihn mit den Worten: „Sie haben sich gar nicht verändert." „Oh!" sagte Herr K. und erbleichte.

Die Äußerung *„Sie haben sich gar nicht verändert."* würden die meisten Menschen wohl als Kompliment auffassen, da das zunehmende Lebensalter ihnen offenbar in der Zwischenzeit wenig an Jugendlichkeit hat nehmen können. Herr K. aber reagiert ganz anders: Er *erbleicht* bei den Worten des Mannes. Das ist insofern eine Überraschung, als das Blut normalerweise durch Zusammenziehen der Blutgefäße aus der Gesichtsregion entweicht, wenn man unvorbereitet eine unangenehme, erschreckende Nachricht erhält. Warum erschrickt Herr K.? Auf seine äußere Erscheinung wird er die Äußerung kaum beziehen. Denkbar wäre, dass er bei der früheren Begegnung mit dem Mann noch ein sehr junger, unreifer Mensch gewesen ist, eben ein „Kindskopf", und dass er geglaubt hat, inzwischen gereift zu sein. Eine solche Reifung ist aber für den Mann nicht erkennbar. Das desillusioniert! Denkbar wäre vielleicht auch, dass Herr K. sich in früheren Zeiten moralisch nicht gerade vorbildlich verhalten hat und nun auf seine „Jugendsünden" zurückgeworfen wird. Die Schüler werden vielleicht noch weitere mögliche Begründungen für das Erbleichen finden.

Bertolt Brecht: ***Der hilflose Knabe***

Herr K. sprach über die Unart, erlittenes Unrecht stillschweigend in sich hineinzufressen, und erzählte folgende Geschichte: Einen vor sich hin weinenden Jungen fragte ein Vorübergehender nach dem Grund seines Kummers. „Ich hatte zwei Groschen für das Kino beisammen", sagte der Knabe, „da kam ein Junge und riss mir einen aus der Hand", und er zeigte auf einen Jungen, der in einiger Entfernung zu sehen war. „Hast du denn nicht um Hilfe geschrien?" fragte der Mann. „Doch", sagte der Junge und schluchzte ein wenig stärker. „Hat dich denn niemand gehört?" fragte ihn der Mann weiter, ihn liebevoll streichelnd. „Nein", schluchzte der Junge. „Kannst du denn nicht lauter schreien?" fragte der Mann. „Dann gib auch den her." Nahm ihm den letzten Groschen aus der Hand und ging unbekümmert weiter.

***Der** Mann* verhält sich sehr merkwürdig. Wie passt es zusammen, dass er sich einerseits voller Mitgefühl dem weinenden *Jungen* nähert, ihn sogar *liebevoll streichelt*, ihm andererseits *den letzten Groschen* wegnimmt und dann *unbekümmert* fortgeht? War das Anfangsverhalten etwa nur Täuschung und das wiederholte Nachfragen eine bloße Absicherung, dass er den Jungen ohne Risiko berauben könne? *Herr K.* deutet es jedenfalls anders. Für ihn ist das Geschehen ein Beispiel für die *Unart, erlittenes Unrecht stillschweigend in sich hineinzufressen* statt sich zu wehren, laut zu protestieren und anzuklagen, gegen Ungerechtigkeit zu kämpfen. Herr K. will also mit der Geschichte belehren. Aber welche Lehre soll man daraus ziehen? Will er etwa sagen, dass man sich auf niemanden verlassen kann, weil alle Menschen böse und betrügerisch sind? Oder will er sagen, dass schwache Menschen immer den Stärkeren ausgeliefert sind? Zu Brechts anderen Geschichten vom Herrn Keuner und der marxistischen Theorie des Klassenkampfes passt es besser, die Lehre darin zu sehen, dass man gemeinsam mit anderen Menschen das Unrecht bekämpfen muss, dass der Einzelne sonst verloren ist. Deshalb wird in der

Geschichte das *laute Schreien um Hilfe* so sehr betont. Der *Mann* unterstreicht dieses Verlorensein dadurch, dass er dem *Jungen* auch noch den letzten Groschen wegnimmt. Es bleibt allerdings befremdlich, dass er, nachdem er dem Jungen diese harte Lehre erteilt hat, *unbekümmert weitergeht* und so tut, als wäre nichts gewesen. Hat er denn gar kein Mitleid mit dem armen Jungen? Im Unterricht kann die Geschichte Grundlage für eine vermutlich kontroverse Diskussion über die Beweggründe sein, die den Mann zu seinem Verhalten veranlassen.

Wenn bestimmte Sprachspieltexte die Lust der Schüler am sprachlichen Experimentieren erst einmal geweckt haben, lassen sie sich zumeist auch gern anregen, selbst analoge Texte zu verfassen. So kann es zu einem ausgesprochen **produktionsorientierten Literaturunterricht** kommen. Trotz der Übernahme von Ideen aus der Vorlage erfordert das viel Eigengestaltung. **Analoges Schreiben ist** deshalb durchaus **kreatives Schreiben**. Erster Schritt ist dabei immer die Analyse des jeweiligen Verstoßes gegen sprachliche Normen oder Normalitäten, bevor dann im zweiten Schritt die eigenen Schreibversuche stehen und eventuell im dritten Schritt sogar ein Abdruck der Ergebnisse in einer Klassen-, Schul- oder Elternzeitung.

Ernst Jandl: ***ottos mops***

ottos mops trotzt
otto: fort mops fort
ottos mops hopst fort
otto: soso

otto holt koks
otto holt obst
otto horcht
otto: mops mops
otto hofft

ottos mops klopft
otto: komm mops komm
ottos mops kommt
ottos mops kotzt
otto: ogottogott

Dieses Lautgedicht kennzeichnet sein Monovokalismus: die Beschränkung aller Wörter auf den Vokal *o* bzw. den Vokalbuchstaben *o*, während die Konsonanten alle erhalten bleiben. Das ist eine sehr einfache, aber wirkungsvolle Technik der Veränderung, wie sie auch in dem unter Kindern sehr verbreiteten Lied „Drei Chinesen mit dem Kontrabass" Anwendung findet. Dort werden sämtliche Vokale und Diphthonge der jeweils einsilbigen Wörter im ansonsten gleich bleibenden Text in jeder Strophe gegen einen anderen Laut ausgetauscht: von *a* über *e, i, o, u, au* bis *eu*: *Dra Chanasen mat dam Kantrabass / Saßen af dar Straße and arzahltan sach was. / Da kam da Palaza, fragt: „Was as dann das?" / Dra Chanasan mat dam Kantrabass.* Die Wörter bleiben trotz Veränderung erkennbar, aber sie klingen befremdlich (bei inhaltlicher Komik durch *kotzen* und das Fluchen *ogottogott*), und sie ermuntern zu weiteren entsprechenden Umwandlungen und deren Kombination. Jandl selbst hat die Entstehung von *ottos mops* so beschrieben: „[W]as sollte man mit so vielen Wörtern mit o nun anfangen? Gar nichts hätte man anfangen können, wenn sich nicht, wie von selbst, einige davon zu bewegen begonnen hätten und aufeinander zugekommen wären und gesagt hätten: wir hier, wir passen doch zusammen, wir können miteinander etwas anfangen, wir können miteinander eine kleine Geschichte anfangen; fangen wir doch eine Geschichte von 'ottos mops' an. Das haben sie getan, und so ist dieses Gedicht entstanden" (https://literaturkritik.de/id/3222). Jandls Experimentierfreude überträgt sich beim Lautlesen seines Textes. So hat *ottos mops* auch schnell Nachahmer gefunden, z. B. in der Klasse 5b des Schuljahres 2004/05 eines Gymnasiums. Zwei Beispiele sollen hier zeigen, wozu schon Fünftklässler, sicher mit Unterstützung, fähig sind:

Julia Brosch: ***Iris***

Iris isst,
Iris isst Fisch,
Iris Fisch ist nicht frisch,
IGITTIGITT!
Iris trinkt,
Iris trinkt Bier,
Iris trinkt viel Bier,
IGITTIGITT !
Iris wiegt,
Iris wiegt viel,
Iris ist dick,
IGITTIGITT !
Iris singt,
Iris singt viel,
Iris klingt
HIMMLISCH!

Stefanie Kraft: ***Annas Spatz***

Anna tanzt Walzer
Anna sang Salsa
Anna trank Saft
Anna fand Spatz
Annas Katz schmatzt
Annas Katz kratzt
Anna: »Katz, lass Spatz!«
Annas Spatz lacht
Anna malt Spatz
Anna pflanzt Tann
Anna traf Mama
Anna sah Katz fraß Spatz
Anna: »Katz, lass Spatz!!!«
Annas Katz schmatzt
Anna gab Katz Klaps

Aber auch literarische Profis haben sich von Jandls Text inspirieren lassen, so z. B. der Kölner Texter Konstantin Dedreux und der Lyriker Robert Gernhardt sogar mehrmals:

Konstantin Dedreux: ***Ralfs Ratte***

Ralfs Ratte ratzt
Ralf: „Ran, Ratte, Ran“
Ralfs Ratte rafft‘s
Ralf: „Brav“

Ralfs Ratte rast
Ralfs Ratte rappt
Ralfs Ratte randaliert
Ralf: „Radikal!“

Ralfs Ratte rastet aus
„Ralf, alter Ranzmann!
Raffke, Rambo, Rabenaas!“
Ralf reicht‘s
Ralf radiert Ratte aus.
Jetzt aber Ramadan

Robert Gernhardt: ***Annas Gans***

annas gans aast
anna: ab gans ab
annas gans rast ab
anna: aha
anna sagt: ach
anna sagt: angst
anna klagt
anna gans
anna mahnt
annas gans scharrt
anna: ran gans ran
annas gans naht
annas gans kackt
anna: hahaha

Robert Gernhardt: ***Gudruns Luchs***

gudruns luchs knurrt
gudrun: kusch luchs kusch
gudruns luchs kuscht
gudrun gut: luchs gut
gudrun sucht: huhu luchs
gudrun ruft: kumm luchs kumm
gudrun flucht: luchs futsch
gudrun schluchzt: luchs putt
gudruns luchs schnurrt
gudrun juchzt: luchs pup
gudruns luchs pupt
gudrun ulkt: luxus purpur
gudruns luchs murrt: unfug gudrun
gudrun: schluchzschluchzschluchz

Robert Gernhardt: ***Gittis Hirsch***

gittis hirsch hinkt
hirsch: hilf gitti hilf

gitti nimmt zimt
gitti nimmt zwirn
gitti nimmt filz
gitti nimmt hirn
gitti nimmt milz
gitti nimmt gin

gitti mischt
gitti winkt
gitti: trink hirsch trink

gittis hirsch nippt
gittis hirsch trinkt
gittis hirsch quillt
gittis hirsch sifft
gittis hirsch stinkt
gittis hirsch rinnt
gittis hirsch pisst

hirsch: gift gitti gift
gittis hirsch stirbt
gitti: igittigitt

Schon sehr früh in der Geschichte der Literatur hat es Menschen gefallen, mit Wörtern zu spielen, die einen ähnlichen Klang aufweisen, Wörtern mit Endreim, also mit Gleichklang eines betonten Vokals und der ihm folgenden Laute (z. B. *Herz – Schmerz*), oder Wörtern mit Stabreim, also mit gleichem Laut am Wortanfang (z. B. *über Stock und Stein, mit Haut und Haar*). Ein heute noch von Kindern gern verwendeter Abzählvers enthält gleich beide Reimformen: *Lirum, larum, Löffelstiel, / wer das nicht kann, / der kann nicht viel, / lirum, larum, leck, / und du bist weg.* Gerade der Paarreim mit Versenden nach dem Muster *aabb* ist ein einfaches, aber sehr wirkungsvolles Klangmittel. Er wirkt einprägsam, manchmal beschwörend, und er verbreitet oft eine fröhliche, ausgelassene, heitere Stimmung. Das macht ihn geeignet für mehr oder weniger gekonnte „Reimereien", wie sie gern bei Festen und auf Feiern von den Gästen vorgetragen werden. Spruch zum 50. Geburtstag: *Die Hälfte hast du schon geschafft. / Wir wünschen dir Gesundheit, Kraft, / Dass du den Rest bis 100 packst / Und auch noch diese Marke knackst.* Vor allem sind Reime aber ein Kennzeichen alter Zaubersprüche, vieler (Volks-)Lieder, Kinderverse und Gedichte, heute auch wegen ihrer Einprägsamkeit in Werbesprüchen verbreitet: *Haribo macht Kinder froh und Erwachsene ebenso. – Mars macht müde Männer munter.*

Volkslied:
Kein schöner Land in dieser Zeit, / als hier das unsre weit und breit, / wo wir uns finden / wohl unter Linden / zur Abendzeit …

Volksgut:
Heile, heile Segen,
sieben Tage Regen,
sieben Tage Sonnenschein,
wird alles wieder heile sein.
Heile, heile Segen,
sieben Tage Regen,
sieben Tage Schnee,
tut dem Kind schon nicht mehr weh.

Mittelhochdeutsche Verse aus dem 12. Jahrhundert, unbekannter Verfasser:

Dû bist mîn, ich bin dîn:
des solt dû gewis sîn.
dû bist beslozzen
in mînem herzen
verlorn ist das sluzzelîn:
dû muost immer darinne sîn.

Für die verspielte, heitere und lustige Seite des Reimens stehen kleine Gedichte von Christian Morgenstern und Wilhelm Busch.

Christian Morgenstern: ***Das ästhetische Wiesel***

Ein Wiesel
saß auf einem Kiesel
inmitten Bachgeriesel.

Wißt ihr,
weshalb?

Das Mondkalb
verriet es mir
im Stillen:

Das raffinierte Tier
tats um des Reimes willen.

Wilhelm Busch:

Sie war ein Blümlein hübsch und fein,
Hell aufgeblüht im Sonnenschein.
Er war ein junger Schmetterling,
Der selig an der Blume hing.

Oft kam ein Bienlein mit Gebrumm
Und nascht und säuselt da herum.
Oft kroch ein Käfer kribbelkrab
Am hübschen Blümlein auf und ab.

Ach Gott, wie das dem Schmetterling
So schmerzlich durch die Seele ging.

Doch was am meisten ihn entsetzt,
Das Allerschlimmste kam zuletzt.
ein alter Esel fraß die ganze
Von ihm so heiß geliebte Pflanze.

Zum Schreiben solcher Gedichte werden Schüler sich wohl nur in Ausnahmefällen aufschwingen können. Anders steht es aber mit lustigen Sprüchen nach dem Muster der verbreiteten Bauernregel: *Wenn der Hahn kräht auf dem Mist, ändert sich das Wetter, oder es bleibt, wie es ist.* Der Witz liegt dabei meist darin, einen überraschenden, bisweilen grotesken Zusammenhang zwischen zwei Erscheinungen oder Vorgängen mit Hilfe des Reims zusammenzubinden. Wer hier den verblüffenden Einfall hat, dem werden die Reimwörter nicht fehlen:

Mischt der Bauer Gift zur Butter, ist sie für die Schwiegermutter.
Semmelbrösel in den Socken, hält den ärgsten Schweißfuß trocken.
Willst du dir den Tag versaun, musst du in den Spiegel schaun.
Ich bin froh, denn mein Po passt genau auf euer Klo.
Fährst Du rückwärts gegen einen Baum, verkleinert sich Dein Kofferraum.
Regnet es oh' n Unterlass, wird es auf der Erde nass.
Sich durch das Holz der Holzwurm frisst, bis von dem Holz nichts übrig ist.
Wenn es regnet, donnert, blitzt, sei froh, dass du im Trocknen sitzt.
Wer sein Rad liebt, der schiebt.

Der Reiz zur Nachgestaltung geht auch von vielen anderen Formen des Sprachspiels aus. Die Verfremdungstechnik muss allerdings gut durchschaubar sein, und eine Übernahme muss noch genügend Spielraum für eigene Einfälle bieten. Spiele mit der im Deutschen umfänglich und vielseitig genutzten Wortbildung bieten sich da besonders an:

Winfried Ulrich: ***Seltene Berufe***

FINGERNAGELLACKENTFERNER
EISBLUMENSTRAUSSVERKÄUFER
EINLITERVOLLMILCHTÜTENKLEBER
WELTRAUMREISENFREMDENFÜHRER
KLAPPERSCHLANGENGIFTZAHNZIEHER
SCHREIBTISCHLAMPENSCHIRMPOLIERER
MENSCHÄRGERDICHNICHTSPIELVERDERBER
TAUSENDUNDEINEGUTENACHTGESCHICHTENERZÄHLER

Es handelt sich bei den ungewöhnlich langen und komplexen Zusammensetzungen um Bezeichnungen handelnder Personen. Das Grundwort am Ende des jeweiligen Kompositums ist ein von einem Verb abgeleitetes „Nomen agentis" mit dem Ableitungssuffix *-er* (jemand, der tut, was mit dem Verb bezeichnet wird: ein *Entferner* entfernt etwas, ein *Verkäufer* verkauft etwas). Je länger die „Bandwurmwörter" werden, desto schwerer ist ihre Struktur zu durchschauen und ihre Bedeutung zu erfassen. Das Kurzzeitgedächtnis kann an seine Grenzen stoßen: ‚Jemand, der den Lack entfernt, der auf Fingernägel aufgetragen ist'. Die durch die Bedeutungen hervorgerufenen bizarren Vorstellungen von Menschen mit seltsamen Berufstätigkeiten bewirken Komik. Gerade sie kann die Schüler zu analogen Bildungen anregen, z. B.: *Hundekotbeutelentleerer, Schweineborstenpinselreinigungsmittelhersteller.*

Winfried Ulrich: ***Tiere im Zoo?***

Angsthase
Pechvogel
Schmutzfink
Dreckspatz
Naschkatze
Schlaufuchs
Spaßvogel
Leseratte
Bücherwurm
Goldesel
Streithammel
Sündenbock
Schweinehund
Mistfink
Lockvogel
Unglücksrabe
Meckerziege
Mucksmäuschen
Mondkalb
Schmeichelkatze

Auch in dieser Wörtersammlung geht es um Personenbezeichnungen. Allerdings sind sie alle reguläre Bestandteile unseres Lexikons, und sie sind völlig anders konstruiert als die Berufsbezeichnungen. Es sind Tiermetaphern mit einer Tierbezeichnung als Grundwort und einem substantivischen oder verbalen Bestimmungswort. Tiere fallen dem beobachtenden Menschen durch jeweils spezifische Eigenschaften, Verhaltensweisen oder Verwendungen auf und bieten damit Ansatzstellen für eine Übertragung auf Menschen: Der *Hase* gilt als *ängstliches* Tier, das aufgescheucht oder verfolgt sehr schnell hakenschlagend davonläuft. So wird ein ängstlicher Mensch zum *Angsthasen*. Die Schüler können bei dem vorgegebenen Wortmaterial zuerst einmal der jeweiligen Beziehung zwischen Mensch und Tier nachgehen und diese erhellen. Danach können sie in ihrem mentalen Lexikon und in Nachschlagewerken nach weiteren Beispielen für diesen Wortbildungstypus suchen, z. B.: *Frechdachs, Küchenbulle, Naschkatze, Nacktfrosch, Baulöwe, Partylöwe, Ballettratte, Landratte, Lackaffe, Backfisch, Unglückswurm, Seebär, Schweinigel, Zimtzicke, Hausdrachen, Finanzhai, Brummbär, Paragraphenhengst, Rampensau …*

Nicht nur Personen, auch Gegenstände, Vorgänge und Zustände lassen sich unter Rückgriff auf die Tierwelt über ein „Tertium comparationis“ kennzeichnen:
Computermaus, Blindekuh, Bundesadler, Wäschespinne, Fleischwolf, Reißwolf, Menschenschlange, Papiertiger, Knallfrosch, Ohrwurm, Zimtschnecke, Steckenpferd, Stahlross, Drahtesel, Amtsschimmel, Lammlachs, Sparschwein, Planierraupe, Muskelkater, Ohrmuschel, Pleitegeier …

Ebenfalls können die Schüler den Übertragungsweg von Tiermetaphern mit der Tierbezeichnung an erster Stelle untersuchen. Auch hier lassen sich Personen- und Sachbezeichnungen unterscheiden:
Lausebengel, Hasenfuß, Froschmann, Rabenaas, Fliegengewicht, Schafnase, Grillenfänger …
Sauwetter, Igelfrisur, Bullenhitze, Kuhfuß, Bärenschlaf, Wolfshunger, Löwenzahn, Affenschaukel, Stiernacken, Schlangenlinie, Krähenfüße, Bienenstich, Hühnerauge, Hasenscharte, Gänsemarsch, Rattenschwanz, Zebrastreifen, Elefantenhochzeit, Mottenkiste, Schneckentempo, Ziegenpeter, Pferdeschwanz, Pferdestärke, Pferdeapfel, Pferdefuß, Pferdekur, Fuchsschwanz, Eselsbrücke, Eselsohr, Lauseharke, Katerfrühstück …

Nach so umfangreicher Analyse bereits im traditionellen Wortschatz vorhandener Lexeme kann dann auch versucht werden, nicht gebräuchliche eigene Produkte herzustellen. Dabei sind der Phantasie keine Grenzen gesetzt. Die Schüler sollten sich allerdings um einen inhaltlichen Zusammenhang zwischen Tier und Mensch bemühen und diesen auch angeben können, z. B.: *Arbeitsschnecke, Lernbiene, Widerstandsbock, Verweigerungsesel, Schnüffelhund, Bosheitsschlange, Unglücksunke, Schleimschnecke, Beißwolf, Brülllöwe, Katzbuckelwurm, Trampelbär, Zwitscherschwalbe, Gackerhenne, Prunkpfau, Schlabberqualle, Angriffswespe, Schleichkatze, Streitamsel, Giergeier, Prachtgimpel …*

Winfried Ulrich: ***Wortktreuzungen***

Stinktierschutz · Rucksackgasse · Löwenzahnbürste · Sonnenscheinwerfer
Handschuhputzer · Ohrenschmalzgebäck · Hühneraugenarzt
Löschblattlaus · Eselsohrring · Schultaschengeld · Zitroneneisbär
Streichholzlöffel · Milchzahnrad · Schokoladeneierschale
Suppentopfblume · Schornsteinpilz · Leserattenschwanz
Klopapierserviette · Flaschenhalsschmerzen · Liebesbriefmarke

Gartentorwart · Armbandwurm · Flussbettwäsche
Tischbeinbruch · Augapfelmus · Sonnenbrillenschlange
Leckermaulkorb · Ohrfeigenbaum

Eine weiteres zur Nachahmung reizendes Wortbildungsprodukt ist das durch Zusammenziehung zweier Komposita mit dem gleichen Baustein am Ende und am Anfang entstehende „Kofferwort": *Stinktier + Tierschutz → Stink – tier – schutz.*

Man spricht auch von „Wortkreuzungen" (Portmanteau-Wörter), weil zwei Zusammensetzungen sich in einem identischen Bestandteil überlappen: *Giftzahn + Zahnarzt → Giftzahnarzt.* Die Ergebnisse entbehren meist nicht einer grotesken Komik wegen des Zusammentreffens von Wörtern aus sehr verschiedenen Sinnbereichen, stilistischen Ebenen und Bewertungen. Gerade deshalb macht es aber Spaß, sich selbst absonderliche Wortkreuzungen auszudenken: *Kaugummibaum, Gartenstuhlgang, Brennstofftier, Elternabendstille, Steckenpferdefleisch, Fußpilzsammler …*

Zu den charakteristischen Merkmalen standardsprachlicher Lexeme wie z.B. *gehen* gehört neben ihrer prinzipiellen Mehrdeutigkeit (Polysemie) auch ihre syntaktisch-semantische Fügungspotenz. Das häufige gemeinsame Auftreten mit anderen Wörtern bei mehr oder weniger fester Wortverbindung führt zu Kollokationen wie *zu weit gehen* und zu idiomatischen Wendungen wie *um Kopf und Kragen gehen.* Der folgende Text ist eine Collage aus verschiedenen Verwendungsweisen des Verbs *gehen* und aus festen Redewendungen mit dem Verb. Seine Hauptbedeutung setzt sich aus diesen semantischen Merkmalen zusammen: ‚sich fortbewegen' + ‚auf Füßen' + ‚schrittweise' + ‚in aufrechter Haltung'. Andere Lesarten sind: ‚eine Strecke zurücklegen', ‚sich hinbegeben', ‚einen Ort verlassen', ‚in Bewegung sein', ‚möglich sein', ‚sich entwickeln', ‚sich in einer bestimmten Verfassung befinden', ‚auf etwas abzielen'.

Rosemarie Künzler-Behncke: ***Gehen***

Wie geht's?
Es geht
Das Geschäft geht doch gut.
Danach kannst du nicht gehen
Geht es abwärts?
Es geht über meine Kräfte.
Lass dich nicht gehen.
Hier geht es ums Ganze.
Es geht um Kopf und Kragen.
Dann geh an die Arbeit!
Ich gehe auf Reisen.
Das geht zu weit!
Das geht dich nichts an.
Dann geh zum Kuckuck!
Das geht nicht.
Du gehst mir auf die Nerven!
Geh mir aus den Augen!
Wenn es geht.
Der Zug geht über Frankfurt.

Deine Stimme geht mir
durch und durch.
Musik geht über alles.
Arbeit geht vor.
Die Uhr geht vor.
Der Teig geht.
Die Tür geht.
Es geht ein Wind.
Ich muss jetzt auch gehen.
Ach, geh!
Lass mich gehen!
Na, geh!

Die große Zahl der Verwendungsweisen von *gehen* überrascht. Die Schüler können prüfen, welches gemeinsame Bedeutungsmerkmal die verschiedenen Lesarten als die Bedeutungen eines einzigen Wortes überhaupt zusammenhält. Es ist ‚Bewegung'. Nur wenn man das erfasst, kann man begreifen, dass nicht nur die Uhr, sondern selbst ein Hefeteig *gehen* kann! Es gibt im Deutschen weitere ähnlich polyseme und polyvalente Wörter, z. B. *stehen*, *kommen, geben, nehmen, machen, schlagen.* Die Schüler sind nicht mit der Aufgabe überfordert, zu einem solcher Verben einen analogen Text zu verfassen und dabei ihr mentales Lexikon zu durchstöbern.

Unbekannter Verfasser: ***Beim Wort genommen, na und?***

Als Boxer eins auf die Nase bekommen.
Als Fischer im Trüben fischen.
Als Frisör alle Kunden über einen Kamm scheren.
Als Jäger die Flinte ins Korn werfen.
Als Kapitän Schiffbruch erleiden.
Als Kellner von seinen Gästen bedient sein.
Als Konzertpianist immer die erste Geige spielen wollen.
Als Kraftsportler alles auf die leichte Schulter nehmen.
Als Küster hin und wieder etwas an die große Glocke hängen.
Als Landwirt leeres Stroh dreschen.
Als Leichtathlet über den eigenen Schatten springen.
Als Lehrer das Heft in der Hand behalten.
Als Metzger kein Schwein haben.
Als Marktfrau in den sauren Apfel beißen.
Als Pilot aus allen Wolken fallen.

Hier geht es um feste Redewendungen, denen jeweils mit einem Kunstgriff ihre Metaphorik genommen wird. Sie werden mit einer Personenbezeichnung in Verbindung gebracht, die aus dem ursprünglichen Herkunftsbereich der Metapher stammt. Dieser Person wird die Rolle des Handelnden zugeschrieben, der die in der Redewendung bezeichnete Tätigkeit ausführt. Diese Rückkehr in den vormetaphorischen Sinnbereich weckt beim Leser seltsame Vorstellungen, bewirkt Komik. Und das ist nicht nur lustig, sondern regt auch zum Nachmachen an. Ausgangspunkt ist jeweils eine bildkräftige metaphorische Redewendung, zu deren verbalem Kern die zugehörige handelnde Person gesucht werden muss, z. B. *alles unter den Teppich kehren → Putzfrau.*

Als Rennfahrer Staub aufwirbeln.

Als Schuhmacher nicht wissen, wo der Stiefel drückt.

Als Schauspieler aus der Rolle fallen.

Als Schwimmlehrer sich nicht über Wasser halten können.

Als Uhrmacher sich selbst auf den Wecker gehen.

Als Waschfrau schmutzige Wäsche waschen.

Außer Redewendungen werden insbesondere Sprichwörter als weit verbreitete feste Wortverbindungen im Gedächtnis gespeichert. Es sind stets kurz gefasste, einprägsame Sätze, die jeweils Erfahrungen, Meinungen oder Anschauungen ausdrücken und zum Gemeingut einer Sprachgemeinschaft geworden sind. In den folgenden Zeilen ist immer der erste Teil eines Sprichworts mit dem zweiten Teil eines anderen zu einer Kontamination zusammengeschoben worden. Dadurch entstehen komische Behauptungen. Die Rekonstruktion der Originalsprüche wird dadurch erleichtert, dass immer zwei Zeilen sich gegenseitig ergänzen. Schwieriger ist es schon, die verstümmelten Sprichwörter ohne eine solche Folgezeile zu erkennen, etwa: *Ein blindes Huhn bringt Glück. – Ein Unglück macht erfinderisch. – Müßiggang hat Gold im Mund.* Die Herstellung möglichst pfiffiger Sprichwortparodien der einen oder der anderen Art dürfte den Schülern leichtfallen.

Winfried Ulrich: ***Sprichwörter***

Viele Köche haben kurze Beine.
Lügen verderben den Brei.
Wer andern eine Grube gräbt, fällt nicht weit vom Stamm.
Der Apfel fällt selbst hinein.
Wer zuletzt lacht, hat Gold im Mund.
Morgenstund lacht am besten.
Der Klügere kommt selten allein.
Ein Unglück gibt nach.

Sprichwörter sind eine volkstümliche und dabei lehrhafte Textsorte. Mit ihnen werden Lebenserfahrungen und Weisheiten seit Generationen immer an die Nachfolgenden weitergegeben. Junge Menschen lassen sich aber nicht immer gern von den Älteren etwas sagen. Insofern kann es ihnen Spaß machen, durch leichte Veränderungen der Formulierung die Einsichten und Lebensregeln von Sprichwörtern auf den Kopf zu stellen oder die Kleintexte lächerlich zu machen. Sprichwörter sind den Schülern in großer Zahl bekannt. Allerdings ist nicht immer sicher, dass sie deren übertragene Bedeutungen voll verstehen. Bei der folgenden Aufzählung sollte zunächst immer das zugrundeliegende Ausgangssprichwort genannt und gedeutet werden. Auch kann über seine Entstehung und seinen Wahrheitsanspruch reflektiert und diskutiert werden. Erst dann ist ein Vergleich der ursprünglichen mit der veränderten Satzbedeutung möglich, die ja vielleicht auch auf Erfahrung beruht. Nach solcher Interpretation dürfte es nicht schwerfallen, weitere Sprichwörter zu „verändern“: *Steter Tropfen höhlt den Stein. → Steter Tropfen schadet der Leber. – Wer im Glashaus sitzt, sollte nicht mit Steinen werfen.*

→ *Wer im Glashaus sitzt, sollte nicht unbekleidet herumlaufen. – Was ich nicht weiß, macht mich nicht heiß.* → *Was ich nicht weiß, muss ich unbedingt erfahren.*

Manfred Mai: ***Sprichwörter etwas verändert***

Aller Anfang wird einem schwer gemacht.
Wer zuerst kommt, hat sich vorgedrängt.
Man soll den Tag nicht vor dem Abendprogramm loben.
Sich regen bringt Muskelkater.
Frisch gewagt, hat schon manchen den Hals gekostet.
Scherben bringen Arbeit.
Wer nicht hören will, hat Gründe.
Wenn sich zwei streiten, muss es der Dritte büßen.
Je später der Abend, desto teurer die Rechnung.
Wer zuletzt lacht, ist gemein.
Was ich nicht weiß, hat mir niemand gesagt.
Ein blindes Huhn kann auch Eier legen.
Eigener Herd bringt hohe Kosten.

Eine völlig andere Art des Sprachspiels sind „Wortbilder“, die nach dem Prinzip konkreter visueller Dichtung gestaltet sind. Dabei wird eine bereits vorhandene Ähnlichkeitsbeziehung zwischen Wortbild und gemeintem Tier, Gegenstand, Vorgang oder Sachverhalt genutzt, oder es wird eine solche nicht schon gegebene Beziehung hergestellt. Die Ähnlichkeit kann in der äußeren Form bestehen (z. B. *O* und *Luftballon*), aber auch in der Anordnung der Buchstaben (z. B. *Unordnung*).

Unbekannte Verfasser: *Wortbilder*

Ob die Schüler wohl kreativ genug sind, den Beispielen mit eigenen Ideen zu folgen, etwa solchen?

Umkehren BRÜCKE

Osterei SPItZE ECHOOOOO

Fritz Schmidt: ***Ein Dorn im Zeh***

1 Dorn im C verurs8 W.
Die Vlheit ist 1 Laster.
BAT trinkt so gerne T.
Im HerbsT blüht die AstR.
Die Q gibt Milch.
Die Lstern gehn gar gern auf Dieberei.
Wer leise geht, geht auf den 10.
1 Glas kr8 leicht ent2.
Bläst man auf der TromPT Bass,
so wackeln alle Wände,
aus Rnst wird oft 1 kleiner Spaß,
und alles hat 1 ND.

Hier werden Zahlen, die wie Wörter zu lesen sind, und Buchstaben, die nicht mit ihrem Lautwert, sondern als Buchstabenbezeichnungen zu lesen sind, in einem Text zusammenmontiert. Dabei wird aber weder der Unterschied zwischen Zahl und Buchstabe noch der zwischen Graphem und zugehörigem Phonem verwischt. Im Gegenteil: Der Text führt die Unterschiede deutlich vor Augen, muss man doch als Leser bei jedem betroffenen Ausdruck unter Nutzung des Kontextes probieren, welches Wort sich hinter der Maske versteckt.

Schüler kennen diese Verfremdungstechnik und nutzen sie selbst für ihre Kommunikation über die sozialen Medien, um Zeit und Platz zu sparen. Besonders bei unmittelbarer Folge der beiden Techniken (*1 ND = ein Ende*) entsteht Komik. Um den Rätseleffekt nicht sofort zu beseitigen, sollte der Text den Schülern zunächst ohne Überschrift vorgelegt werden. Als zusätzliche Anregung für eigene Textbildungen der Schüler kann man als dritte Form der Verfremdung Abkürzungen einbauen, z. B.: *immR lustig, froh und heiTr, usw. – dR NebL will nicht weichN, dR NiesLreGn desgl.*

B Arbeitsblätter

4. Spiel mit Sprachhandlungsregeln

1.1 ***„Verzeihen Sie, ich möchte gern zum Bahnhof."***
„Ich verzeih Ihnen schon, gehen Sie nur!"

Erkundigt sich der Mieter aus dem Parterre:
„Haben Sie denn gestern Abend nicht gehört, wie ich an die Decke geklopft habe?"
„Doch, aber das macht nichts. Bei uns war es auch sehr laut."

Der Landstreicher hilft einem Mütterchen, den voll beladenen Leiterwagen eine Anhöhe hinaufzuziehen.
Sie bedankt sich herzlich, dann fragt sie: „Rauchen Sie?"
„Und wie!" erklärt er erwartungsvoll.
„Dachte ich's mir doch!" sagt das Mütterchen bekümmert. „Das sollten Sie aber lieber bleiben lassen. Deshalb schnaufen Sie nämlich so entsetzlich!"

Ein Student macht sein Examen in Geschichte.
„Wie heißt der Franzose, der General war, dann Erster Konsul und später Kaiser?"
Der Kandidat denkt angestrengt nach, schüttelt dann den Kopf und sagt: „Das weiß ich nicht."
„Napoleon Bonaparte", sagt der Professor.
Daraufhin steht der Kandidat auf und verlässt das Zimmer.
„Wohin wollen Sie denn?" ruft der Prüfer ihm nach, „wir sind doch noch gar nicht fertig."
„Ach so, Verzeihung, ich dachte, Sie hätten schon den Nächsten aufgerufen."

Ein Kunde betritt eine Buchhandlung.
„Ich möchte gern Goethes gesammelte Werke."
Der Buchhändler ist stolz auf seine große Auswahl:
„Welche Ausgabe?" will er wissen.
Da stutzt der Kunde: „Eigentlich haben Sie recht."
Er dreht sich um und geht.

Der Urlauber bekommt in seiner Pension zum Frühstück einen winzigen Klecks Honig. „Ach wie nett", wendet er sich an die Wirtin, „eine Biene halten Sie auch?"

Der Angestellte Lehmann rennt im Großraumbüro auf und ab und jammert:
„O Gott, hab' ich Kopfschmerzen! Diese Kopfschmerzen! Ich verlier noch meinen Verstand." Da wird es dem Chef zu bunt und er sagt:
„Lehmann, wenn Sie krank sind, gehen Sie nach Hause. Aber hören Sie auf, hier herumzurennen und zu prahlen!"

Bei der Musterung: „Was möchten Sie werden?“
Der Rekrut: „General.“
„Sind Sie verrückt?“
„Wieso, ist das Bedingung?“

Wer etwas sagt, wendet sich mit seinen Worten an eine andere Person und verfolgt dabei eine bestimmte Absicht. Was will der Sprecher in dem ersten Witz mit diesen Worten erreichen: „*Verzeihen Sie, ich möchte gern zum Bahnhof*“?

....

....

....

1.2 Handelt es sich bei diesem Sprechakt a) um eine Bitte um Verzeihung, b) um eine Mitteilung, c) um eine Begrüßung, d) um eine Bitte um Auskunft, e) um eine Entschuldigung?

....

1.3 Wie interpretiert der Angesprochene den Sprechakt?

....

1.4 Welchen Sprechakt vollzieht im zweiten Witz der Mieter aus dem Parterre: Bitte um Auskunft, Lob, Entschuldigung, Beschwerde, Information, Geständnis?

....

1.5 Und wie versteht der Mieter aus dem ersten Stock die Worte?

....

1.6 Was spricht für ein echtes Missverständnis, was für ein nur vorgetäuschtes?

....

....

....

....

1.7 Wie könnte man die Sprechakte des Mütterchens und des Landstreichers bezeichnen?

....

....

....

1.8 Welchen Sprechakt repräsentiert im nächsten Witz „*Napoleon Bonaparte*“ in Wirklichkeit?

....

....

1.9 Wie ist das Missverständnis des Kandidaten zu erklären?

1.10 Wie lautet der verkürzte Satz *„Welche Ausgabe?“* vollständig, a) wie er vom Verkäufer gemeint ist, b) wie er vom Kunden verstanden wird?

1.11 Durch welches Satzzeichen muss das Fragezeichen in b) ersetzt werden?

1.12 Wie kann man die beiden Sprechakte benennen?

1.13 Der Urlauber in der Pension liebt die zweideutige Rede und die Anspielung.

Was will er der Wirtin sagen?

1.14 Welchen Sprechakt erwartet man nach dem ersten Teil seiner Rede *„Ach wie nett“*?

1.15 Und um welchen Sprechakt handelt es sich wirklich?

1.16 Wie kommt der Chef dazu, Lehmanns *Jammern* als ein *Prahlen* zu bezeichnen?

1.17 Nicht jeder Fragesatz steht für eine wirkliche Fragehandlung. Das lässt sich an der Äußerung *„Sind Sie verrückt?“* zeigen.

1.18 *Der Arzt nach der Untersuchung zu seinem Patienten: „????????????????“*
Die Augen des Patienten leuchten auf: „Gern, Herr Doktor, wenn Sie einen kleinen Klaren da haben.“
Was wird der Arzt in diesem Witz gefragt haben?

. . . .

. . . .

1.19 Welche beiden Sprechakte sind hier verwechselt worden?

. . . .

1.20 *Fragt der Zöllner den zerstreuten Professor am Grenzübergang: „Kognak? Whisky? Zigaretten?“*
„Nein, danke sehr“, sagt der Professor, „aber wenn ??????????????????????“
Was könnte der Professor geantwortet haben?

. . . .

. . . .

1.21 Um welche Sprechakte handelt es sich hier?

. . . .

1.22 *„Oh, habe ich heute nicht sehr schlecht gesungen?“ fragt die Sängerin nach der Vorstellung. – „Aber nein, Gnädigste haben noch nie besser gesungen.“*
Eine Interpretation der Antwort ist in zwei Sinnrichtungen möglich?
Um welchen Sprechakt handelt es sich jeweils?

. . . .

. . . .

. . . .

1.23 *Nach der Machtergreifung der Nationalsozialisten in Deutschland erblickt der Parteigenosse Müller auf der Straße seinen Bekannten, den Juden Kohn, und sagt herausfordernd: „????????????????????!“*
Darauf Kohn: „Bin ich Psychiater?“
Was sagt Müller?

. . . .

Welchen Sprechakt intendiert er? In welchen verwandelt Kohn ihn?

. . . .

1.24 *Ruhe in Frieden, bis wir uns wiedersehen!*
Aus dieser Inschrift auf dem Grabstein eines Mannes lässt sich ein Witz machen, in dem der zweite Teil der Inschrift nicht als Wunsch und Ausdruck der Hoffnung zu lesen ist, sondern als Drohung.

. . . .

. . . .

. . . .

2.1 Wilhelm Busch: ***Briefwechsel***

Es saß ein Fuchs im Walde tief,
Da schrieb ihm der Bauer einen Brief:
So und so, und er sollte nur kommen,
Der Hahn, die Hühner und Gänse ließen
Ihn alle zusammen auch vielmals grüßen.
Und wann ihn denn erwarten sollte
Sein guter treuer Krischan Bolte.

Drauf schrieb der Fuchs mit Gänseblut:
Kann nicht gut.
Meine Alte mal wieder
Gekommen nieder!
Im Übrigen von ganzer Seele:
Dein Fuchs in der Höhle.

Welche Merkmale kennzeichnen die Sprachhandlung „heucheln“?

....

....

2.2 Welche Funktion hat der Gruß des Federviehs im Brief?

....

2.3 Die Antwort des Fuchses enthält zwei Provokationen gegenüber dem Bauern.

....

....

2.4 Ein Analogtext könnte wahlweise a) mit einer Einladung der Bäuerin Bolte an die Maus beginnen, in der auf geräucherten Speck und eine Erkrankung der Katze hingewiesen wird, b) mit einer Einladung zur Eröffnung eines Fahrradgeschäfts, bei der ein Rennrad mit Hartgummibereifung versteigert wird, oder c) mit einer frei gewählten Einladung. Auf den Reim kann man eventuell verzichten.

....

....

....

....

....

....

....

....

....

....

3.1 Unbekannter Verfasser: ***Der gute Ton***

Ein japanischer Verleger, der einem Autor sein Manuskript zurückschickt, schreibt folgenden Brief: „Wir haben Ihr Werk mit unsagbarem Genuss gelesen. Wir schwören Ihnen bei der heiligen Erinnerung an unsere Vorfahren, dass wir bisher noch nie Gelegenheit hatten, ein derart bewundernswertes Meisterwerk zu lesen. Wenn wir uns unterstehen würden, es zu veröffentlichen, würde Seine Majestät der Kaiser uns befehlen, es künftig als Vorbild zu benutzen und zum Maßstab dessen zu nehmen, was wir verlegen. Ja, er würde uns nicht mehr gestatten, irgendein Buch herauszubringen, das weniger gut wäre als das Ihre. Auf diese Weise würde es uns unmöglich werden, unsere verlegerische Tätigkeit fortzusetzen – zumindest für die nächsten Jahre. Aus diesem Grunde sehen wir uns gezwungen, Ihnen Ihr göttliches Werk zurückzugeben, es Ihnen demütig zu Füßen zu legen, wobei wir, dies unternehmend, zitternd des Urteils gedenken, das die kommenden Generationen über uns fällen werden."

Wie formuliert man die Ablehnung eines Angebots, die nicht kränken soll? Sie sollte klar, ehrlich, freundlich im Ton und mit Nennung der Gründe erfolgen. Wie steht es mit diesen Forderungen im Brief des Verlegers?

....

....

....

....

3.2 In Japan gilt es weitgehend als unhöflich, einen Vorschlag direkt abzulehnen. Man verneint nicht, sondern weicht auf ein gedehntes *Ja* aus, was den Partner zu einer Überprüfung seines Vorschlags anregen soll.
Wie könnte ein solcher Ablehnungsbrief aussehen?

....

....

....

....

....

....

....

3.3 Welche Wirkung wird der Brief des Japaners vermutlich auf den Autor ausüben? Wird die maßlose Übertreibung diese Wirkung verstärken oder mindern?

....

....

....

3.4 Das Stilmittel der Übertreibung ist die Hyperbel. Durch sie kann ein Sachverhalt besonders bildreich, gefühlvoll und ausdrucksstark dargestellt werden. Wie steht es damit in dem Brief?

. . . .

. . . .

. . . .

3.5 Hyperbeln kommen als Redewendungen auch in der Alltagssprache vor: *Vor Ärger hat sie Gift und Galle gespuckt. – Das hab' ich dir doch schon tausendmal gesagt!*
Welche Hyperbeln enthalten folgende Bestandteile: *Schneckentempo, am Meer, zum Fressen, todmüde, von Tränen*?

. . . .

. . . .

. . . .

. . . .

. . . .

. . . .

. . . .

3.6 Gerade maßloses Übertreiben kann als Sprachspiel Spaß machen. Wie kann man Aussagen so auf die Spitze treiben, dass sie kaum noch überboten werden können? Wie könnte die Absage eines Musikproduzenten an einen Amateursänger aussehen, der ihm eine im Heimstudio hergestellte Aufnahme zur Verbreitung angeboten hat?

. . . .

. . . .

. . . .

. . . .

. . . .

. . . .

. . . .

. . . .

. . . .

. . . .

. . . .

4.1 Ephraim Kishon: *Der Prozess (nicht von Kafka – oder doch?)*

Als Zeuge eines Verkehrsunfalls mit tödlichem Ausgang und eindeutiger Schuld des Angeklagten muss Kishon in einer Gerichtsverhandlung aussagen.

[...] Verteidiger: „Herr Kishon, ist es wahr, dass Sie im Jahre 1951 wegen eines bewaffneten Raubüberfalls von der Interpol gesucht wurden?"

Ich: „Das ist nicht wahr."

Verteidiger: „Wollen Sie damit sagen, dass es kein bewaffneter Raubüberfall war, weswegen Sie von der Interpol gesucht wurden?"

Ich: „Ich will damit sagen, dass ich überhaupt nicht gesucht wurde. Warum hätte ich plötzlich von der Interpol gesucht werden sollen?"

Verteidiger: „Wenn es also nicht die Interpol war – von welcher Polizei wurden Sie denn dann gesucht?"

Ich: „Ich wurde überhaupt nicht gesucht."

Verteidiger: „Warum nicht?"

Ich: „Wie soll ich das wissen?"

Das war ein Fehler, ich merkte es sofort. Meine Antwort hätte lauten müssen: „Ich wurde von keiner wie immer gearteten Polizei der Welt jemals gesucht, weil ich mich nie im Leben gegen ein Gesetz vergangen habe." [...]

Der Verteidiger wechselte ein paar leise Worte mit seinem Mandanten und setzte das Kreuzverhör fort.

Verteidiger: „Trifft es zu, Herr Kishon, Dass Sie wegen Verführung einer Minderjährigen zu einer Gefängnisstrafe von zwei Jahren und acht Monaten verurteilt wurden?"

Ich: „Nein, das trifft nicht zu."

Verteidiger: „Nicht? Zu welcher Strafe wurden Sie wegen Verführung einer Minderjährigen verurteilt?"

Ich: „Ich wurde wegen Verführung einer Minderjährigen weder verurteilt noch angeklagt."

Verteidiger: „Sondern? Was für eine Anklage war es, die zu Ihrer Verurteilung geführt hat?"

[...]

Welche Strategie wendet der Verteidiger in dem Kreuzverhör an?

....

....

....

....

....

....

....

4.2 Was macht es dem Zeugen so schwer, die Unterstellungen zurückzuweisen?

. . . .

. . . .

. . . .

. . . .

4.3 Wie könnte die Fortsetzung des Kreuzverhörs im gleichen Stil lauten?

. . . .

. . . .

. . . .

. . . .

. . . .

. . . .

. . . .

. . . .

. . . .

. . . .

. . . .

. . . .

4.4 „Präsuppositionen" sind in einer Äußerung enthaltene inhaltliche Voraussetzungen, die erfüllt sein müssen, damit die Äußerung überhaupt sinnvoll sein kann.
Im positiven Fall lassen sie erkennen, was der Verfasser eines Textes für so selbstverständlich erachtet, dass er es gar nicht thematisiert, sondern als gegeben behandelt. Der Satz „Meine Schwester Telse besucht auch einen Tanzkursus" enthält fünf Präsuppositionen: a) Ich habe eine Schwester. – b) Meine Schwester heißt Telse. – c) Es gibt einen Tanzkursus. – d) Meine Schwester besucht den Tanzkursus. – e) Noch jemand besucht den Tanzkursus.
Im negativen Fall dienen die impliziten Voraussetzungen der Manipulation, der Lenkung durch bewusste Beeinflussung, die nicht erkannt wird. Z. B.: „Dein Problem sind nicht deine Eltern."
Der Angesprochene hat möglicherweise gar kein Problem; ein solches wird aber als gegeben angenommen und ihm so unterstellt, vielleicht sogar suggeriert.
Manipulationen erfolgen besonders mit Hilfe von Fragehandlungen, bei denen nur ein einziger Teilinhalt in Frage gestellt wird, während andere Inhalte stillschweigend als zutreffend angesehen werden, obwohl sie falsch sind.

Welche Präsuppositionen enthalten die folgenden Äußerungen?
„Welche Drogen hat Peter genommen?"

. . . .

„Hast du schon vergessen, dass Heinz dich angelogen hat?"

. . . .

„Wann hat Karl aufgehört zu rauchen?"

. . . .

„Helga ist es nicht, mit der Fred sich heimlich getroffen hat."

. . . .

„Warum bist du aus dem Sportverein ausgetreten?"

. . . .

„Wie lange bist du auf Helgas Geburtstagsfeier geblieben?

. . . .

4.5 Wie könnte das Fernsehinterview eines Ministers verlaufen, dem die Journalistin mit Hilfe vieler Präsuppositionen Totalversagen und vielfach bewiesene Unfähigkeit bescheinigen möchte, wenn es mit diesen Worten beginnt:
„Stimmt es, Herr Minister, dass Sie im Mai vorigen Jahres …?"

. . . .

. . . .

. . . .

. . . .

. . . .

. . . .

. . . .

. . . .

. . . .

. . . .

4.6 *„Bist du nicht im Jahr 2006 als Baby mit dem Namen Heidi von deiner 16-jährigen Mutter in München in einer katholischen Kinderkrippe abgegeben und ein halbes Jahr später von den Pflegeeltern Karl und Lisa Meier in Augsburg aufgenommen und Karin genannt worden?"*
Wie kann die Angesprochene sämtlich in dieser Frage enthaltenen Präpositionen mit einem einzigen Satz als falsch zurückweisen?

. . . .

. . . .

. . . .

. . . .

5. Spiel mit Textbildungsregeln

5.1 Martin Walser: ***Diskussionsredner***

es erhebt sich jetzt die Frage ob wir da würde ich also gleich die Frage in die Diskussion werfen und zwar ganz bewusst von meiner Seite aus würde ich die Frage zurückführen auf die Kernfrage dann würde ich aber die Gegenfrage stellen müssen oder ist hier einer der sagt wir sollten diese Frage endlich als eine Scheinfrage begraben oder stellt sich denn die Frage nicht vielmehr so ganz bewusst würde ich die Frage aufwerfen das ist keine Frage des Beliebens muss also nicht jeder zu dieser Frage Stellung beziehen die Frage der Stellungnahme können wir nur durch andauernde Infragestellung können wir überhaupt ich weiß allerdings nicht ob ich auf ihre Frage geantwortet habe

Ein Text unterscheidet sich normalerweise von einer bloßen Aneinanderreihung isolierter Einzelsätze dadurch, dass ein bestimmtes Textthema kontinuierlich Schritt für Schritt entwickelt wird: Eine Aussage reiht sich als ergänzende Fortführung an die andere. Inwiefern trifft das auf diesen Text nicht zu?

....

....

....

....

5.2 Bei Walser ist das wiederholt verwendete Wort *Frage* das Element, das die formelhaft zitierten Wendungen und Floskeln scheinbar miteinander verknüpft, auch wenn dabei kein Satz vervollständigt wird. Wie könnte eine analoge Ansprache mit *sagen* aussehen?

Ich würde nicht zögern dazu zu sagen lassen Sie sich das gesagt sein meine Damen und Herren das sage ich Ihnen ein für alle Mal es ist nämlich nicht zu viel gesagt genau das muss gesagt sein sage und schreibe dazu will ich Ihnen mal was sagen unter uns gesagt der lässt sich doch von niemanden was sagen hat das gar nichts zu sagen sagen Sie das nicht ich würde mir das nicht zweimal sagen lassen

....

....

....

....

5.3 Auch mit Hilfe der Kernwörter *Meinung/meinen* oder *Problem* und ihren Redewendungen lässt sich inhaltsleer „schwafeln“.

....

....

....

....

6.1 Winfried Ulrich: *Verdrehte Witze*

Nur einer soll dir bleiben:
Alle Zähne sollen dir herausfallen!
für Zahnweh.

„Ich möchte aber deutsche Kartoffeln haben", antwortet die Kundin.
„Wollen Sie die Kartoffeln nun essen oder sich mit ihnen unterhalten?"
„Ich habe holländische Kartoffeln", sagt der Gemüsehändler.
Eine Kundin verlangt Kartoffeln.

Er entgegnet freundlich: „Guten Morgen, Herr Professor, da bin ich wieder einmal." Das weiß McNepp. Ein Edinburgher Arzt pflegt die erste Konsultation ziemlich teuer zu berechnen. Und deshalb betritt er das Sprechzimmer des Arztes mit den Worten: „Ich sehe, dass das Mittel schon gut geholfen hat. Gebrauchen Sie es nur weiter so wie bisher." Der Professor durchschaut den ihm völlig Unbekannten sofort. Für jede weitere nimmt er dann aber nur die Hälfte.

Bei diesen Witzen muss die zerstörte thematische Progression wieder hergestellt werden, indem die Sätze in die richtige Reihenfolge gebracht werden.

....
....
....
....
....
....
....
....
....
....
....
....
....
....
....
....
....
....

6.2 *Der Professor erzählt seinem Freund von seinem 25jährigen Dienstjubiläum:*
„Ich komme also morgens in die Klinik, und kein Mensch gratuliert mir, keine Feier, nichts! – Abends fragt mich die hübscheste Krankenschwester, ob ich mit zu ihr nach Hause kommen wolle – auf eine Tasse Kaffee. In ihrer Wohnung verschwindet sie im Schlafzimmer mit den Worten: „Sie dürfen erst hereinkommen, wenn ich rufe.“
Ich warte, sie ruft, ich rein ins Schlafzimmer – und da steht die ganze Belegschaft der Klinik mit einem riesigen Blumenstrauß.“

Sein Freund: „ . . . .“

„Nee, die Socken waren das einzige, was ich noch anhatte.“

Was sagt der Freund wohl?

6.3 *Herr Schneider ist passionierter Jäger. Als sein Tasso eingeht, kauft er sich einen neuen Schweißhund. Herr Schindler, der Verkäufer, versichert Schneider, es handele sich um einen absolut spurensicheren Jagdhund. Deshalb erscheint Schneider der ziemlich hohe Preis annehmbar. Zwei Wochen später jedoch schreibt Herr Schneider Herrn Schindler einen Brief:*
„Werter Herr Schindler, das ‚w‘, das in Ihrem Namen fehlt, ...
. . . . !“
Was schreibt Herr Schneider wohl?

6.4 *Ein Mann ist gestorben, der in seinem Leben sehr, sehr faul gewesen ist, kaum gearbeitet hat. „Bestattung oder Einäscherung?“ fragt der Beerdigungsunternehmer. „Verbrennung“, antwortet die Witwe, „und schicken Sie mir die Asche bitte ins Haus.“ Als sie die Asche ihres Mannes erhält, füllt sie sie in die Eieruhr und sagt:*
„So, ???????????????????????????????????“
Wie muss der Schlusssatz lauten, auf den die thematische Progression zuläuft?
. . . .

6.5 Unbekannter Verfasser: ***Dunkel war's***

Dunkel war's, der Mond schien helle,
Schnee lag auf der grünen Flur,
Als ein Wagen blitzeschnelle
Langsam um die Ecke fuhr.
Drinnen saßen stehend Leute,
Schweigend ins Gespräch vertieft,
Als ein totgeschoss'ner Hase
Auf der Sandbank Schlittschuh lief.
Drinnen saß ein holder Jüngling,
Schwarzgelockt mit blondem Haar,
Neben ihm 'ne alte Schachtel,
Zählte kaum ein halbes Jahr,
In der Hand 'nen Butterwecke,
Der mit Schmalz bestrichen war.

Die unter Kindern sehr verbreiteten Verse verstoßen spielerisch gegen das Erfordernis der Textkohärenz, der inneren Widerspruchsfreiheit eines Textes. Mit welchen sprachlichen Mitteln wird in diesem Scherzgedicht die „verkehrte Welt" geschaffen? Und welche Wirkung geht davon aus?

....

....

....

....

6.6 Wie könnte eine Fortsetzung des Textes in der Art der Vorlage aussehen, mit oder ohne Reim?

....

....

....

....

....

....

....

6.7 Dieter Höss: ***Drei Männer***

Drei Männer sitzen im Wartezimmer des Psychiaters und spielen Skat. „Schach!" sagt der eine und legt den Kreuzbuben auf den Tisch. „Moment mal", sagt der andere, „seit wann gibt es denn beim Halma Elfmeter?"

Obwohl sie beim Psychiater sind, reden die beiden Männer nicht einfach Unsinn. Bei genauer Untersuchung entpuppen sich die vermeintlichen Kohärenzverstöße als sinnvolle Äußerungen. Besonders der zweite Sprecher bedient sich einer intelligenten Form der Zustimmung, die wie ein Widerspruch aussieht.

....

....

....

....

....

....

....

....

....

....

6. Spiel mit Satzbildungsregeln

7.1 Hans A. Halbey: ***Urlaubsfahrt***

koffer koffer kindertragen
flaschen taschen puppenwagen
papa mama koffer kinder
autokarte notlichtblinker

frühgeweckt gefrühstückt raus
winke winke schlüssel haus
autobahnen autoschlange
kinderplappern mama bange

schlange kriechen sonne heiß
stinken staub benzin und schweiß
stockung hunger mama brote
papa skatspiel radio: tote

schlafen schimpfen hupen schwitzen
weiterfahren weitersitzen
müde mitternacht hotel pension
tausenddreißig schlafen schon

Sätze, nach den grammatischen Regeln der Syntax gebildet, gelten oft als obligatorische Bausteine eines Textes, als seine Grundeinheiten. Die syntaktische Struktur eines vollständigen Satzes beruht auf einem finiten Verb und allen vom Verb verlangten Satzgliedern. Hans Halbeys Gedicht enthält nur einen einzigen solchen Satz, zum Abschluss. Es besteht aus einer Aneinanderreihung von Einzelwörtern in der unflektierten Grundform. Weshalb stellt es dennoch einen Text dar?

. . . .

. . . .

. . . .

7.2 Inwiefern passt die nebenordnende Reihungstechnik zum Inhalt des Gedichts?

. . . .

. . . .

. . . .

7.3 Analoge Wortketten lassen sich zu vielen anderen Themen herstellen.

. . . .

. . . .

. . . .

8.1 Karl Kraus: ***Was ham S' g'sagt?***

„Dieser Tage fand im Künstlerhause ein von dem Truchseß und Ehrenmitgliede der Genossenschaft der bildenden Künstler Wiens und der k. k. Akademie der bildenden Künste in Wien, Herrn Fritz Dobner v. Dobenau, veranstaltetes und äußerst animiert verlaufenes gemütliches Abendessen statt, bei welchem derselbe in Anwesenheit der weiteren Ehrenmitglieder Herrn Hofrat August von Schaeffer und Professor Rudolf Ritter von Weyr und des leitenden Ausschusses den bisher mit seinen anlässlich des Regierungsjubiläums des Kaisers im Jahre 1898 gestifteten, seit dieser Zeit alljährlich in den Jahresausstellungen im Künstlerhause zur Verleihung gelangenden ständigen zwei Geldehrenpreisen prämiierten Künstlern zur bleibenden Erinnerung eine von Professor Stephan Schwartz in Silber künstlerisch ausgeführte Plakette überreichte."

„Gehn S', das is schön, sag'n S' es noch einmal."

Dieses stark überdehnte und verschachtelte Satzgefüge ist ein leserunfreundlicher „Bandwurmsatz", der aber zur scherzhaften Nachahmung reizt.

....

....

....

....

....

....

....

8.2 Aus den folgenden Sätzen lässt sich ein einziges Satzgefüge machen:
Passanten hatten eine Gruppe von Jugendlichen beobachtet. Diese waren auf einer Geburtstagsparty gewesen. Sie hatten dort reichlich Alkohol zu sich genommen. Jetzt randalierten sie im Stadtpark. Die Passanten hatten die Polizei gerufen. Diese traf mit zwei Bereitschaftswagen ein. Es kam zu einer tätlichen Auseinandersetzung. Zwei Jugendliche verletzten einen Polizisten schwer. Er musste ins Krankenhaus eingeliefert werden.

....

....

....

....

....

....

....

....

....

9.1 ***Herr Krause liegt frierend in der Badewanne, Frau Krause telefoniert: „Herr Doktor, ist das wirklich notwendig, dass mein Mann die Medizin immer in kaltem Wasser einnimmt?"***

Frau Müller hat endlich das Kleid ihrer Träume entdeckt. Sie stürmt in das Geschäft und bittet: „Ich möchte gern das rot-schwarze Kleid im Schaufenster anprobieren." – „Sehr gern, gnädige Frau", sagt die junge Verkäuferin, „Sie können aber auch die Ankleidekabine benutzen!"

Worauf genau sind die Missverständnisse in den beiden Witzen zurückzuführen?

....

....

....

....

9.2 Die Bedeutung eines Satzes hängt nicht nur von den Bedeutungen der Satzteile ab, sondern auch von den Beziehungen dieser Satzteile untereinander.
Welche beiden Lesarten hat jeder der folgenden Sätze mit gleicher Oberflächenstruktur? Auf welche Unterschiede in der Grammatik ist das zurückzuführen?
Torsten sah Luise mit dem Fernrohr.

....

....

....

Die Beschimpfung des Journalisten führte zu einer heftigen Auseinandersetzung.

....

....

....

Kluge Mädchen und Jungen wechseln aufs Gymnasium.

....

....

....

Er traf eine Frau, die beim Spaziergang verlorene Handschuhe wiedergefunden hatte.

....

....

9.3. *Maler zum Modell: „Ich möchte Sie am liebsten nackt malen!"*
Welche zurückweisende Antwort könnte das Modell in einem Missverständniswitz dem Maler geben?

....

....

7. Spiel mit Wortbildungsregeln

10.1 Winfried Ulrich: ***Seltene Berufe***

FINGERNAGELLACKENTFERNER
EISBLUMENSTRAUSSVERKÄUFER

EINLITERVOLLMILCHTÜTENKLEBER

WELTRAUMREISENFREMDENFÜHRER

KLAPPERSCHLANGENGIFTZAHNZIEHER

SCHREIBTISCHLAMPENSCHIRMPOLIERER

MENSCHÄRGERDICHNICHTSPIELVERDERBER

TAUSENDUNDEINEGUTENACHTGESCHICHTENERZÄHLER

Wie kann man jeweils in einem Satz angeben, was diese Menschen tun?

....

....

....

10.2 Die Regeln der deutschen Wortbildung machen es leicht, einzelne Wörter zu sehr langen „Bandwurmwörtern" zusammenzusetzen. Steht am Ende eine Ableitung von einem Verb mit dem Suffix *-er*, ergibt das Gesamtwort meistens eine Personenbezeichnung, die etwas tut („Nomen agentis"). Man kann viele lustige Bezeichnungen dieser Bauweise bilden. Es müssen auch nicht immer Inhaber eines „Berufes" sein.

....

....

....

....

....

....

....

10.3 Weshalb gibt es auch für die Länge von Bandwurmwörtern Grenzen?

....

....

....

....

....

11.1 Winfried Ulrich: ***Tiere im Zoo?***

Angsthase
Pechvogel
Schmutzfink
Dreckspatz
Naschkatze
Schlaufuchs
Spaßvogel
Leseratte
Bücherwurm

Welche Vorstellungen stehen hinter diesen metaphorischen Personenbezeichnungen? Was verbindet diese Menschen mit diesen Tieren?

....

....

....

....

....

11.2 Es gibt im deutschen Wortschatz noch mehr solche seltsamen „Zootiere".

....

....

....

....

....

11.3 *Pflanzen im Garten?*
Großstadtpflanze, Eisblume, Knallerbse, Adamsapfel, Cognacbohne, Stammbaum, Haarbusch, Flugblatt, Gürtelrose, Mauerblümchen.
Welche Bedeutungen haben diese Zusammensetzungen?
Und welche Merkmale verbinden sie mit den Bedeutungen der Grundwörter?

....

....

....

....

....

....

....

12.1 Winfried Ulrich: ***Wortkreuzungen***

Stinktierschutz · Rucksackgasse · Löwenzahnbürste · Sonnenscheinwerfer Handschuhputzer · Ohrenschmalzgebäck · Hühneraugenarzt Löschblattlaus · Eselsohrring · Schultaschengeld · Zitroneneisbär Streichholzlöffel · Milchzahnrad · Schokoladeneierschale Suppentopfblume · Schornsteinpilz · Leserattenschwanz Klopapierserviette · Flaschenhalsschmerzen · Liebesbriefmarke Gartentorwart · Armbandwurm · Flussbettwäsche Tischbeinbruch · Augapfelmus · Sonnenbrillenschlange Leckermaulkorb · Ohrfeigenbaum

Warum bezeichnet man diese Form der Wortbildung als „Wortkreuzung", als „Schachtelwort" oder als „Kofferwort"?

....

....

....

12.2 Wie kommt die komische Wirkung zustande?

....

....

....

12.3 Es lassen sich weitere komische Kofferwörter nach dem Muster der Vorlage bilden.

....

....

....

12.4 Winfried Ulrich: *Kennt ihr die?*

Schmetterfant und Eleling,
Saladil und Krokomander,
Kängudar und Dromeru,
Antiraffe und Gilope.

Wie sind diese Wortbildungen entstanden?

....

....

....

12.5 Nach demselben Muster sind viele Bildungen möglich.

....

....

....

13.1 Günter Bommert: ***Magisches Quadrat***

Es fuchst den Fuchs,
wenn der Luchs ihn beluchst.
Nicht stört es den Stör,
wenn der Wurm sich wurmt.
Es luchst der Fuchs,
und das fuchst den Luchs.
Nicht stört es den Wurm,
wenn der Stör sich wurmt.

Günter Bommerts Gedicht hat vier Strophen. Dies ist die erste. Welche Strophen könnten bei Beschränkung auf die vier Tierbezeichnungen und die vier Verben noch folgen? Es soll dabei keine genaue Wiederholung eines Satzes vorkommen.
Wenn der Luchs sich wurmt, / fuchst es nicht den Stör. /

. . . .

. . . .

. . . .

Zwar wird ein Fuchs / vom Wurm gestört, /

. . . .

. . . .

. . . .

Auch ein Luchs wird / empfindlich vom Wurm gestört. /

. . . .

. . . .

. . . .

13.2 In welchem formalen und inhaltlichen Verhältnis stehen die vier Verben jeweils zu den vier Tierbezeichnungen?

. . . .

. . . .

. . . .

. . . .

. . . .

. . . .

13.3 Wieso trägt das Gedicht den Titel *Magisches Quadrat*?

. . . .

. . . .

. . . .

8. Spiel mit Flexionsregeln

14.1 Josef Reding: *denunziation*

früher oder
später
verrät
der verräter
des verräters
dem verräter
den verräter
früher oder
später

Wodurch unterscheidet sich eine bloße Wortflexion mit den vier Kasus von einem Text?

. . . .

. . . .

. . . .

14.2 Wie kann eine Vertextung mit den vier Kasus von *Täter* oder *Opfer* aussehen?

. . . .

. . . .

. . . .

14.3 Christine Koller: *Konjugationen im Singular*

ICH liebe dich
DU liebst mich
ER liebt SIE
(ES ist unterwegs)

Weshalb sind die Personalpronomen mit Großbuchstaben geschrieben?

. . . .

. . . .

14.4 Wie sind folgende Textmerkmale zu interpretieren: Gliederung in zwei Strophen, Verwendung von *ER* und *SIE* in einer Zeile, Einklammerung der letzten Zeile?

. . . .

. . . .

. . . .

15.1 Rudolf Steinmetz: ***Konjugation***

Ich gehe
du gehst
er geht
sie geht
es geht.

Geht es?

Danke – es geht.

Die Bedeutung des konjugierten Verbs verändert sich beim Übergang in die beiden Schlusszeilen. In welcher Weise?

....

....

15.2 An die Stelle von *gehen* können *laufen* oder *reichen* treten. Welche Bedeutungsveränderungen sind dann in den Schlusszeilen festzustellen?

....

....

....

....

15.3 Winfried Ulrich: *Reden*

Wer redet?
Ich rede.
Du redest.
Er redet.
Sie redet.
Es redet.
Wir reden.
Ihr redet.
Sie reden.
Wer hört zu?

Wie ist die Umrahmung des Flexionsparadigmas durch zwei Fragen zu interpretieren?

....

....

15.4 Hellmut Walters: *Rechtsbeugung*

Das Recht wird so gebeugt:
Das Recht
des Rechtes
dem Rechte
das Unrecht.

Welcher Kunstgriff wird hier angewendet, um der Flexion einen besonderen Sinn abzugewinnen?

. . . .

. . . .

16.1 Hans-Joachim Neumann: ***Der Rausch und seine Folgen***

Weil gar so schön im Glas der Wein geblunken,
hat sich der Hans dick vollgetrinkt.
Drauf ist im Zickzack er nach Haus gehunken,
der Liebsten in den Arm gesinkt.
Doch weil er gar zu sehr nach Wein gestinkt,
hat sie ganz zornig abgewunken
und vor der Nas' die Tür ihm zugeklunken.

Schwache Verben regelwidrig mit einer stark flektierten Partizipialform versehen wirken recht komisch: *gebrungen, gesagen, gestroben, gezählen, gebrummen, gegloben, gestriffen, geniegen, eingesiffen, auserwählen, …*

und umgekehrt: genimmt, gefanget, gebratet, gesinget, gehelfet, getretet, gegeht, gewerft, geriecht, gewiegt, gefindet, gekneift, geschneidet, gesauft, ….

Auch mit solchen nicht korrekten Wortformen lässt sich ein lustiges Gedicht reimen.

. . . .

. . . .

. . . .

. . . .

16.2 Medina: *Muh!*

Eine scheinbare Pluralform eines Wortes kann sich als ein ganz anderes Wort entpuppen: ***Ein Hoch*** *kommt selten allein; mehrere unmittelbar hintereinander sind* ***die Höhe****!*
Ein kranker Zahn verursacht ***Weh****; zwei kranke Zähne:* ***Wehe! Wehe!***
Welche Beziehungen lassen sich zwischen den folgenden Wortformpaaren herstellen?
Grab – Gräben, Zahl – Zähler, Blut – Blüte, Rock – Rocker, Buch – Buchen, Ei – Eis, Müll – Müller, Post – Posten, Reis – Reise, Rind – Rinde, Wein – Weiner.

. . . .

. . . .

. . . .

. . . .

9. Spiel mit Wortbedeutungsregeln

17.1 Friedrich von Logau: *Laus und laus*

Was Lob heißt im Latein, das hat im Deutschen Füße;
Es kitzelt dort und jückt; hier gibt es scharfe Bisse.

„Arbitrarität" der sprachlichen Zeichen bedeutet, dass die Verbindung von Form (Signifikant) und Inhalt (Signifikat) nicht naturgegeben ist, sondern an sich „beliebig" und nur durch Konvention in einer Sprachgemeinschaft vereinbart.

Man kann auch folgende Wortpaare in Sprüche einbetten: *Angel* – engl. *angel, Art* – engl. *art, Gift* – engl *gift, Gang* – engl. *gang, Hut* – engl *hut, Rock* – engl. *rock, Billion* – engl *billion, Gymnasium* – engl. *gymnasium, Agent* – engl *agent, Kind* – engl. *kind, Taste* – engl. *taste, Konfession* – engl. *confession, Unternehmer* – engl. *undertaker, Kaution* – engl. *caution, also* – engl. *also, fast* – engl. *fast.*

....

....

....

....

....

....

17.2 Weshalb bezeichnet man wohl *bekomme* und engl. *become* wie auch *dafür* und engl. *therefore* als „falsche Freunde"?

....

....

17.3 In Äußerungen können solche „falschen Freunde" beim Übersetzen zu komischen Aussagen führen: *Snakes can bite.* → *Schnecken können bitten.*

....

....

17.4 Es gibt nicht nur „falsche Freunde", sondern auch „wahre Freunde" aus verschiedenen Sprachen, die nicht nur sehr ähnlich oder gleich aussehen, sondern auch die gleiche oder eine sehr ähnliche Bedeutung haben. Wenn sie in vielen Sprachen vorkommen, spricht man von „Internationalismen" wie z. B. Kaffee – engl. coffee, franz. café, ital. caffè, russ. кофе. Welche Freunde sind im Folgenden „falsch", und was bedeuten sie im Englischen: *police, hotel, direction, bar, circle, administration, bus, atom, confession, paragraph, sports, chokolate*?

....

....

....

....

18.1 Peter Bichsel: ***Ein Tisch ist ein Tisch***

[...] „Weshalb heißt das Bett nicht Bild“, dachte der Mann und lächelte, dann lachte er, lachte, bis die Nachbarn an die Wand klopften und „Ruhe“ riefen. [...]

Am Morgen verließ also der Mann das Bild, zog sich an, setzte sich an den Teppich auf den Wecker und überlegte, wem er wie sagen könnte.
Dem Bett sagte er Bild.
Dem Tisch sagte er Teppich.
Dem Stuhl sagte er Wecker.
Der Zeitung sagte er Bett.
Dem Spiegel sagte er Stuhl.
Dem Wecker sagte er Fotoalbum.
Dem Schrank sagte er Zeitung.
Dem Teppich sagte er Schrank.
Dem Bild sagte er Tisch.
Und dem Fotoalbum sagte er Spiegel.
Also:
Am Morgen blieb der alte Mann lange im Bild liegen, um neun läutete das Fotoalbum, der Mann stand auf und stellte sich auf den Schrank, damit er nicht an die Füße fror, dann nahm er seine Kleider aus der Zeitung, zog sich an, schaute in den Stuhl an der Wand, setzte sich dann auf den Wecker an den Teppich und blätterte den Spiegel durch, bis er den Tisch seiner Mutter fand. [...]

Wenn der Mann immer nur „seine“ Wörter verwendet, könnte er mit der Zeit vergessen, welches die „richtigen“ Bedeutungen sind. Wie würde sich das wohl auf seine Beziehungen zu anderen Menschen auswirken?

. . . .

. . . .

. . . .

18.2 Es kann Spaß machen, Sätze mit einem eigenen, persönlichen Wortschatz zu bilden, wie der Mann ihn für sich geschaffen hat.

. . . .

. . . .

. . . .

. . . .

18.3 Was soll die Zeitungsmeldung bedeuten?
Am Hut ereignete sich auf der Tasse nach Fliege bei Stuhl ein Löffel, der zwei Bilder forderte. Der Mantel des Messers, Fuchs Baum, und sein Apfel, Maus Baum, waren auf der Uhr tot.

. . . .

. . . .

. . . .

19.1 Unbekannter Verfasser: ***Im Blumengeschäft***

„Sind die Blumen künstlich?“
„Natürlich!“
„Natürlich?“
„Nein, künstlich!“
„Also, sind sie nun künstlich oder natürlich?“
„Natürlich künstlich!“

Was macht die Verständigung in diesem Dialog so schwierig?

....

....

19.2 Ähnliche Dialoge könnten jeweils mit folgenden Äußerungen beginnen:
a) *Kunde: „Ich möchte ein paar Unterhosen kaufen.“ Verkäufer: „Lange, mein Herr?“ Kunde: „Ich will die Hosen kaufen, nicht mieten.“ …*
b) *„Sie wird ein gewisses Verständnis dafür aufbringen.“ – „Gewiss?“ – „Vielleicht.“ …*
c) *„Allerdings habe ich dagegen etwas einzuwenden.“ – „Bist du sicher?“ – „Allerdings.“ – „Wie, also ganz gewiss?“ …*

....

....

....

....

„Warum haben Fische keine Haare?“ – „Weil sie ________________ haben.“ – „Und warum haben sie ____________________________ ?“ – „Weil sie nichts dagegen tun.“ – „Und warum tun sie nichts dagegen?“ – „Damit sie ihre Fahrräder unterstellen können.“

„Welches ist dein Lieblings ____________________________?“ – „Schwer zu sagen, bis jetzt hat mich noch keines freigesprochen.“

„Nun sind wir den Berg hinaufgeklettert, um die Aussicht zu genießen, und nun habe ich das ______________________ vergessen!“ – „Macht nichts. Trinken wir aus der Flasche!“

Das Ehepaar übernachtet im Gebirge. Mitten in der Nacht weckt der Mann seine Frau: „Hörst du, wie der ______________________ rauscht?“ – „Unsinn!“ sagt sie. „Wer soll hier schon mitten in der Nacht seine Haare trocknen?“

Der Maler sucht ein männliches Modell. Das Modell kommt. Der Maler fragt: „Haben Sie schon mal ____________________________?“ Das Modell brummt: „Erinnern Sie mich bloß nicht an diese Zeit.“

20.1 Ralph Boller: ***Ein Playboy ist ein junger Mann, der die Frauen lieber begreift als versteht.***

Karl Heinrich Waggerl: ***Gewisse Dinge verstehe ich nicht mehr, sobald ich sie begriffen habe.***

Ambrose Bierce: ***Selbstverständlich ist, was man selbst versteht und niemand sonst.***

Karl Heinrich Waggerl: ***Man sollte nicht nur zu wissen meinen, sondern auch zu meinen wissen.***

Marie von Ebner-Eschenbach: ***Nicht jeder große Mann ist ein großer Mensch.***

Wilhelm Busch: ***Dummheit ist auch eine natürliche Begabung.***

Hans Casper: ***Es ist ein Missverständnis, die Gedankenfreiheit bis zur Unabhängigkeit vom Verstande voranzutreiben.***

Heinrich Wiesner: ***Gottvater ist tot. Er hinterließ zwei Testamente.***

Bert Berkensträter: ***Viele gelten als geistreich und sind verschuldet.***

Ralph Boller: ***Von allen Stoffwechselkrankheiten ist die Mode die charmanteste.***

Wilhelm Busch: ***Sie ist sehr begabt – mit Geld.***

Bert Berkensträter: ***Sinnlos, einem Kapitalisten Vorwürfe zu machen; er ist das Einstecken gewöhnt.***

Welche beiden Wortbedeutungen werden in diesen Aphorismen jeweils einander gegenübergestellt?

. . . .

. . . .

. . . .

. . . .

20.2 Hier lassen sich ähnliche Sprüche formulieren:

Eine weiche ________________ *haben ist gut, aber nur im Obstkorb.*
Nicht jeder liebt Bienenstiche, schon gar nicht, wenn

. . . .

. . . .

Über ein Pferd zu springen

. . . .

. . . .

Boxer, die beißen

. . . .

. . . .

10. Spiel mit Wortschatzregeln

21.1 Hanna Freilinghaus-Heuss: ***Der Unterschied***

Belustigt dachte Theodor Heuss manchmal darüber nach, wie sich das Vokabular der Presseleute verändert habe, seit er Bundespräsident geworden sei.

Früher sei er irgendwohin „gegangen" oder „gefahren", jetzt „begebe" er sich. Wenn er sich vorher in einer Stadt „aufgehalten" habe, so „weile er jetzt in ihren Mauern". Sei er bisher von jemandem „begleitet" worden, werde er jetzt nur noch „geleitet", und habe er vor seiner Amtszeit in einem Hotel schlicht „wohnen" können, so dürfe er heute nur noch „absteigen".

Wie unterscheiden sich die beiden Ausdrücke jeweils?

. . . .

. . . .

. . . .

21.2 Wie könnte ein Bericht über ein Bankett des Bundespräsidenten zu Ehren der britischen Königin mit übertrieben „vornehmer" Wortwahl lauten?

. . . .

. . . .

. . . .

. . . .

. . . .

. . . .

21.3 Welche Verben fehlen bei diesen Gegenüberstellungen?

Die einen sagen etwas – die anderen äußern sich.

Die einen . . . . *– die anderen vermögen etwas.*

Die einen . . . . *– die anderen bedürfen.*

Die einen . . . . *– die anderen sind tätig.*

Die einen schlafen – die anderen . . . .

Die einen machen etwas bekannt– die anderen . . . .

Die einen loben etwas – die anderen . . . .

Die einen . . . . *– die anderen entwenden.*

Die einen . . . . *– die anderen befleißigen sich.*

Die einen . . . . *– die anderen entsagen.*

Die einen . . . . *– die anderen sinnen.*

Die einen . . . . *– die anderen offenbaren.*

Die einen . . . . *etwas – die anderen gewahren etwas.*

Die einen . . . . *– die anderen halten dafür.*

22.1 Friedrich Nietzsche: ***Wer nicht arbeitet, soll auch nicht essen.***
Wer nicht arbeitet, soll speisen.
Wer aber gar nichts tut, der darf tafeln.

Nietzsche zitiert das Bibelwort *Wer nicht arbeiten will, der soll auch nicht essen* (2. Brief des Paulus an die Thessalonicher 3.10), verfälscht es leicht durch das Weglassen von *soll* und spitzt es in den Folgesätzen sozialkritisch zu. Inwiefern?

. . . .

. . . .

. . . .

22.2 Analoge Vergleiche auf einer gehobenen, poetischen Stilebene sind möglich mit: *gehen, schreiten, wandeln; sich ausziehen, sich freimachen, sich entkleiden; auf etwas verzichten, aufgeben, entsagen; spazieren gehen, promenieren, lustwandeln; loben, preisen, rühmen.*

. . . .

. . . .

. . . .

. . . .

. . . .

22.3 ***Wer nicht tafelt, speist oder isst, der futtert oder frisst.***
Wer kein Antlitz hat und kein Gesicht, der hat eine Fresse.

Es gibt neben der gehobenen und der mittleren Stilschicht auch eine niedere oder vulgäre. Welcher Ausdruck passt stilistisch in den jeweiligen Kontext?

Der alte Graf wiegte nachdenklich sein/e/en . . . . Kopf/Haupt/Rübe.
Sie brachte ihr/en . . . . Ross/Pferd/Gaul in den Stall.
Wie kann man nur ein/en solch/es/en . . . . Gewand/Kleid/Fetzen tragen!
Du hast dein . . . . Gemach/Zimmer/Loch schön eingerichtet.
Der . . . . Gesetzeshüter/Polizist/Bulle ist des Bürgers Freund und Helfer.
Ich bin schon zwanzig Jahre . . . . Gottesmann/Pfarrer/Pfaffe bei euch.
Schon bald landete er wieder im/in der . . . . Strafvollzugsanstalt/Gefängnis/ Knast.
Zwei Wochen vor dem Abitur warfen sie ihn von der Bildungsstätte/Schule/Penne.
Der . . . . Schulmeister/Lehrer/Pauker genoss im Dorf hohes Ansehen.
Ein General braucht in der Schlacht auch . . . . Fortüne/Glück/Dusel.
Bankkonto-Informationen sind . . . . entwendet/gestohlen/geklaut worden.
Der Landstreicher hat wieder draußen . . . . geruht/geschlafen/gepennt.
Er hatte sich . . . . berauscht/betrunken/besoffen ans Steuer gesetzt.
Sag mal, bist du denn . . . . beschränkt/dumm/bescheuert?

23.1 Erich Fried: ***Maßnahmen***

Die Faulen werden geschlachtet
die Welt wird fleißig
Die Hässlichen werden geschlachtet
die Welt wird schön
Die Narren werden geschlachtet
die Welt wird weise
Die Kranken werden geschlachtet
die Welt wird gesund
Die Traurigen werden geschlachtet
die Welt wird lustig
Die Alten werden geschlachtet
die Welt wird jung
Die Feinde werden geschlachtet
die Welt wird freundlich
Die Bösen werden geschlachtet
die Welt wird gut

Mit welcher Beziehung zwischen Wortbedeutungen wird hier gespielt?

....

....

23.2 Das Gedicht lässt sich fortsetzen, mit den Gegenwörtern von *dumm, schwach, arm, schmutzig, geizig, stolz, wirr, langsam, ängstlich, nachlässig, kurzsichtig, böswillig, grobschlächtig, kaltherzig, langweilig, wortkarg, verkrampft, verlogen, verschlafen, willenlos, dünnhäutig, rücksichtslos ...*

....

....

....

....

....

....

23.3 Zu manchen Adjektiven gibt es nicht nur ein einziges „Gegenwort", sondern mehrere auf eine abgestuften Skala zwischen den Extremen: *heiß – warm – lau – kalt.*
Wie ist die Reihenfolge bei folgenden Beispielen?
klein, riesig, winzig, groß ....
feucht, nass, trocken, klatschnass, knochentrocken

....

wohlhabend, arm, reich, vermögend, betucht, bedürftig, mittellos, bettelarm

....

11. Spiel mit Lautbildungsregeln

24.1 Vera Ferra-Mikura: ***Sprechübungen für angehende Schauspieler***

Es sprach der Aal
im Futteral:
„Der Saal ist kahl.
Zum letzten Mal
grüß ich im Tal
den Pfahl aus Stahl.“

Man kann Kamelen nicht befehlen,
zu Allerseelen Mehl zu stehlen.

Es steht ein Reh im Schnee am See.
Mir tut es in der Seele weh,
wenn ich das Reh im Schnee stehn seh.

„Sei lieb und gib
mir ein Glas Bier!“
So sagt der Stier
um viertel vier
und schielt zu dir.
Schilt nicht das Tier,
es liebt das Bier
Die Milch kriegt ihr.

Schauspieler üben die hochsprachlich saubere Artikulation der tontragenden Vokallaute. Nichtschauspieler können sich einen Spaß daraus machen, analoge Verse mit Wörtern zu schmieden, die den gleichen Vokal enthalten, allerdings manchmal den voll klingenden Langvokal, manchmal auch den Kurzvokal, und die sich auch noch reimen. Besonders tiefsinnig müssen sie allerdings nicht sein.

. . . .

. . . .

. . . .

. . . .

24.2 Bedeutend schwerer ist es, sich auf Wörter mit den Doppellauten *ei/ai, au* und *eu* zu beschränken statt auf Wörter mit dem gleichen Vokal.

Nein, Reis mit Eis und Eisbein mit Ei und Wein treibt kein Eiweiß in den Leib rein.

. . . .

. . . .

. . . .

. . . .

. . . .

25.1 Josef Guggenmos: ***Kurzer Krawall***

Krummbeinige Krebse kriegten Krach mit den Kröten
und krabbelten gekränkt in den Krieg, sie wollten
die Kröten am Kragen kriegen, doch die Kröten
kraxelten aus dem Graben und riefen: Sieg!

Eine fast ausschließliche Verwendung von Wörtern mit gleichem Anlaut aus der Konsonantenverbindung *kr* zur Textbildung ist ein ungewöhnliches Experiment, das ein wenig an die bekannte, aber noch strenger formalisierte Gattung der Zungenbrecher erinnert: *Fischers Fritz fischt frische Fische – frische Fische fischt Fischers Fritz.*
Nach einigem Suchen findet man genügend geeignete Wörter, die auch inhaltlich irgendwie zusammenpassen: *Bei Brand brennende Bretter brechen … – Glatzen gleichen glänzendem Glas … – Im Traum trafen trinkende Trolle trauernde Treudoofe …*

. . . .

. . . .

. . . .

. . . .

26.1 Eugen Roth:

Du sollst dein krankes Nierenbecken
nicht mit zu kalten Bieren necken.

Auf Pille nicht noch Salbe hoff,
Wer täglich dreizehn Halbe soff.

Auch müsstest du bei Magenleiden
Den Wein aus sauren Lagen meiden.

Glaub nicht, dass alle Zungen lügen,
Die warnen vor den Lungenzügen.

Schüttelreime sind ein besonders kunstvolles Klangspiel. Wie werden sie produziert?

. . . .

. . . .

. . . .

26.2 Wie wär es z. B. mit: *Klapperschlangen – schlapper klangen; Schweinemäster – meine Schwester; Wartezimmern – Zarte wimmern; Käufer laufen – Läufer kaufen; Löwen meiden – Möwen leiden; Hund graben – Grund haben; Schollen winken – wollen Schinken*? Es muss aber einen Sinn ergeben!

. . . .

. . . .

. . . .

. . . .

. . . .

12. Spiel mit Buchstabenregeln

27.1 Renate Welsh: ***Eine Geschichte, deren Wörter das Abc von A – Z durchlaufen, liest sich etwa so:***

Anke bat Christian, dass er fahre gen Heidelberg in jenem kleinen Lastauto mit neun Oberschülern. Peter Quindt reichte sein Taschentuch und veilchenblaue Wollhandschuhe. Xanthippe Ypsilon zeterte!

Rückwärts gelesen geht es auch:

Zum Yogameister Xaverl wandelte verträumte Unschuld Thea Schreiber. Rief qualvoll plötzlich Oma nach Moral! Ließ keinen Jungen ins Haus gehen, fing eine dolle cholerische Beschimpfung an!

Die Technik der Textgestaltung sieht einfach aus. Eine entsprechende „Geschichte" aufzuschreiben, erfordert aber einiges Suchen nach den gewünschten ABC-Wörtern. Ein alphabetisch geordnetes Wörterbuch kann eine Hilfe sein.

. . . .

. . . .

. . . .

. . . .

. . . .

27.2 *Wer fliegt da um das Haus?*
*Die **EF El E De Er Em A U Es.***

Wer schleicht da durch den Klee?
*Die **Ka A Te Zet E**.*
Wie sind diese rätselhaften Buchstaben zu deuten?

. . . .

. . . .

27.3 Analoge Verse sind nicht schwer zu produzieren.

. . . .

. . . .

. . . .

. . . .

. . . .

28.1 Heinrich Hoffmann und Andreas Thalmayr: ***D Gschcht vm flgndn Rbrt***

Wnn dr Rgn ndrbrst,
Wnn dr Strm ds Fld drchs'st,
Blbl Mdchn dr Bbn
Hbsch dhm n rn Stbn.
Rbrt br dcht: Nn!
Ds mss drßn hrrlch sn!
Nd m Fld ptscht r
Mt dm Rgnschrm mhr.

H, w pf'ft dr Strm nd kcht,
Dss dr Bm s'ch ndrbgt!
St! dn Schrm rfsst dr Wnd,
Nd dr Rbrt flgt gschwnd
Drch d Lft s hch, s wt;
Nmnd hrt n wnn r schrt.
N d Wlkn stßt r schn,
Nd dr Ht flgt ch dvn.

Schrm nd Rbrt flgn drt
Drch d Wlkn mmr frt.
Nd dr Ht flgt wt vrn,
Stßt zltzt m Hmml n.
W dr Wnd s hngtrgn,
J! ds wß kn Mnsch z sgn.

Durch Auslassen sämtlicher Vokalbuchstaben werden Wörter fast bis zur Unkenntlichkeit verfremdet. Wie sieht die erste Strophe des Gedichts in vollständiger Schreibung aus?

....

....

....

....

....

28.2 Man kann eine bekannte Gedichtstrophe oder den Anfang eines Songtexts entsprechend umformulieren und jemand raten lassen, worum es sich handelt.

....

....

....

....

....

....

29.1 Unbekannter Verfasser: ***Der kleine Maler***

Gestern früh mit 1 beim T
hatte UW 'ne ID.
Als der Wind durch ST wehte,
lief 'ne Q quer durch die BT.
UW reckt sich auf die C,
ruft AH, OH, OW!
Malt behände auf 'nen ZL
ST, Q und andren Bettel,
m8 auch WG, rote RD,
und am ND noch 2 Pferde.

Die Mischung von normgerecht geschriebenen Wörtern, mit ihrer Buchstabenbezeichnung zu lautierenden Großbuchstaben und mit ihrem Lautwert zu lesenden Zahlzeichen ist aus der Kommunikation über Soziale Medien bekannt. Dieses Spiel für das Verfassen eines kleinen Gedichts zu nutzen, stellt aber doch eine gewisse Herausforderung an die Kreativität des Verfassers dar.

....

....

....

....

....

....

....

....

29.2 Leichter ist es, eine normale Textvorlage entsprechend umzuformulieren.

In Höchst im Odenwald meldete eine Frau in der Nacht um drei Uhr dem Notruf, dass ein Rehbock, ein Achtender, im Familienpool im Garten ein Bad genommen habe und nun nicht mehr herauskomme, wie die Polizei mitteilte. Sie eilte mit einem Streifenwagen herbei und rettete den verzweifelt strampelnden Vierbeiner.

....

....

....

....

....

30.1 Friedrich Rückert:
L*iebe,* ***U****nschuld,* ***I****nbrunst,* ***S****itte,* ***E****hre,*
Sind der Züge fünf, die ich verehre;
Und die fünfe hab' ich, schön verbunden,
In der Freundin Namenszug gefunden.

Mit einem „Kryptogramm", einem „Geheimtext", erklärt der Dichter einer Dame seine Liebe und nennt auf charmante Weise ihren Namen: *LUISE.* Ein Kryptogramm ist ein zunächst unverfänglich erscheinender Text, in dem sich aber eine zweite Mitteilung verbirgt. Durch Hervorhebung der Anfangsbuchstaben einer Wortreihe lässt sich ein „geheimes" Schlüsselwort übermitteln, das auch auf ganz andere Botschaften zielen kann als auf ein Liebesgeständnis, z. B.: Klagen über einen *KRIEG,* Jubel über einen *SIEG,* Jahreszeiten wie *HERBST* oder *LENZ* oder Monate wie *MAI,* Hobbies, Lieblingsessen, bewunderte Künstler, Songtitel, Blumen …

....

....

....

....

....

....

....

....

30.2 Eine Variante der Gedichtform ist das Akrostichon, bei dem die ersten Buchstaben jeder Zeile zusammen ein Wort ergeben.
Friedrich von Logau:
K*ummer, der das Marck verzehret,*
R*aub, der Hab' und Gut verheeret,*
J*ammer der den Sinn verkehret,*
E*lend, das den Leib beschweret,*
G*rausamkeit, die Unrecht fähret:*
Sind die Frucht, die Krieg gewähret.

Ein Akrostichon anzufertigen ist nicht besonders schwer, wenn man auf den Reim verzichtet und einen Prosatext verfasst.

....

....

....

....

....

Thomas Brod:

Schweben im Ab und AuF
Die Falter dort und dA
Bei Sonnenschein am HimmeL
Und Mondlicht in der NachT
Fliegt das TagpfauenaugE
Und tanzt der Russische BäR

Schwärmer Flirren nur
SchillerfAlter chillen
Ein AdmiraL befiehlt
KaisermänTel fliegen
Auch SpinnEr gibt es hier
Ein SpanneR zählt dazu

30.3 Welche Merkmale kennzeichnen ein „Telestichon“ und ein „Mesostychon“?

....

....

....

....

30.4 Auch solche Gedichte mit versteckter Botschaft lassen sich herstellen.

....

....

....

....

....

....

....

....

13. Spiel mit Rechtschreibregeln

31.1 ***Was haben die Heiligen und ein Manta nach der Rechtschreibreform gemeinsam? Beides sind Mertürer.***

Gestatten Sie, mein Name ist Rainer Hohn. – Na, nehmen Sie es nicht so tragisch, junger Mann! Wie heißen Sie denn?

„Lehrer“ ist die Steigerung von „leer“.

Richter zum Angeklagten: „Hatten Sie bei Ihrem Einbruch einen Genossen? – „Nein. Ich war stocknüchtern.“

Ein Angler sitzt seit Stunden am Ufer und hat nichts gefangen. Kommt ein Spaziergänger vorbei und fragt: „Na, beißen sie?“
Der Angler antwortet gereizt: „Nur wenn ich wütend bin.“

Schild vor dem Grundstück: „Vorsicht vor dem bisschen Hund!“

Herr Meier ist der recht mäßige Nachfolger von Herrn Müller.

„Wie ich höre, ist unser Freund Kurt nicht mehr mit Inge verlobt?“ – „Ja, er will sie nicht.“ – „Mir hat man es aber anders erzählt: Er will, sie nicht.“

Wer wünscht frische Eier von meinen eigenen Hühnern täglich ins Haus gebracht?

Der Pavian sagt der Lehrer ist ein Affe.

„Kennen Sie Ibsen?“ fragt der junge Buchhändler seinen neuen Schwarm. „Nein“, erwidert das Mädchen errötend, „wie macht man das?“

Mit welchen Rechtschreibregeln wird in diesen Witzen pointenbildend gespielt?

. . . .

. . . .

. . . .

. . . .

31.2 Auch mit diesen orthographischen Alternativen lassen sich Pointen bilden: *Rumkugeln – rumkugeln*; *die Wüste Gobi – die wüste Gobi; Seuchen – Säuchen; Lama – Lahmer; Zutritt – zu dritt.*

. . . .

. . . .

. . . .

. . . .

. . . .

. . . .

32.1 Winfried Ulrich:

AUGENDREHER

Wörterhabeneinenanfangundeinende.

ManCHE wörteR SCHreibT maN AM anFanGG roß.

Zw ische nd enwör ter ng ib te sabst än de.

„Auch!“ Satzz-eichen: hel...(fen) – beim? Lesen,

Gibn ich tauf!

Üb ungm acht denmei ster.

Esi stnochk ein meis terv omhim melgef all en.

Oh Nefl eißk Ei nenp Reis!

dUH HA SteS Gesch Aff I?!!

Als Gegenstück zum „Zungenbrecher“ in der gesprochenen Sprache ist der „Augendreher“ mit verschiedenen Abweichungen vom normalen Schriftbild gespickt, die das Lesen deutlich verlangsamen und erschweren: Verzicht auf Wortgrenzen und Setzen falscher Wortgrenzen, Großschreibung im Wortinnern und am Wortende, irritierende Satzzeichen, vermischte Schriftarten.
Die Textvorlage sollte als Rätseltext entschlüsselt und in einen Normaltext transkribiert werden.

. . . .

. . . .

. . . .

. . . .

. . . .

. . . .

. . . .

32.2 Die Kombination solcher oder noch anderer Normabweichungen lässt sich zur Herstellung verschlüsselter Geheimtexte nutzen.

. . . .

. . . .

. . . .

33.1 Hans Weis:

wer ist bräutigam und braut zugleich?
er hat mancherlei liebe genossen.
heutzutage sollten dichter dichter dichten
und forscher forscher forschen.
sind es immer weise reden, wenn weise reden?
verfolgter floh im kimono (Schlagzeile).
die schöne naht im nachtgewande.

Welche Gemeinsamkeit verbindet diese Sätze?

. . . .

. . . .

. . . .

33.2 Inwiefern können solche Sätze als Argument gegen eine Rechtschreibreform verwendet werden, wenn sie eine radikale Kleinschreibung aller Wörter vorschreibt? Und welche Gegenargumente gibt es?

. . . .

. . . .

. . . .

. . . .

. . . .

33.3 Es lassen sich noch mehr Sätze dieser Art bilden.

. . . .

. . . .

. . . .

. . . .

33.4 Winfried Ulrich: *Trennungen*

Lachs – Türme, Mitwirk – Ende, Nacht – Eile, Kontra – Streich, Studiosen – Dung.
Was ist hier geschehen?

. . . .

. . . .

33.5 Welche anderen Wörter kann mit einem entsprechenden Ergebnis trennen?

. . . .

. . . .

. . . .

14. Spiel mit Mundartregeln

34.1 Unbekannter Verfasser:

Ick sitze da un' esse Klops
uff eemal klopp's
Ick kieke, staune, wundre mir,
uff eemal jeht se uff die Tür.
Nanu, denk ick, ick denk nanu
jetz isse uff, erst war se zu!
Ick jehe raus und kieke
und wer steht draußen? Icke! Icke! Icke!!

Um welche Mundart handelt es sich hier? Woran ist das zu erkennen?

. . . .

. . . .

34.2 Der Leser kann den Text in seine eigene regionale Mundart übertragen.

. . . .

. . . .

. . . .

. . . .

. . . .

35.1 Thaddäus Troll: ***Maßstäbe***

„Wia haltet Sia s jetzt mitm schtilla gebät?" hot oi pfarrer da andera gfrogt.
„Also i zeehl bis fimfzich na dreh i mi om."
„Jo so zwischa vierzich ond fuffzich, so halt i s au."
„Aber jetzt denket Se no, dr amtsbruder von Biedrenga, der zeehlt bis neinzich, also dees halt i fir fremmelei!"

Woran erkennt man in diesem Mundartwitz den Dialekt?

. . . .

. . . .

35.2 Was gibt Mundartwitzen ihren besonderen Charme?

. . . .

. . . .

36.1 ***Ein Schweizer, ein Schwabe und ein Berliner sitzen in einem Eisenbahnabteil. Der Schweizer wendet sich an den Berliner mit der freundlichen Frage:***
„Sind Sie schou z'Züri gsi?"
Der Berliner kann mit dem letzten Wort nichts anfangen und fragt zurück: „Gsi?"
Da greift der Schwabe hilfreich ein: „Er moint gwää."

Wie würde die Äußerung des Schwaben bei anderen Dialektsprechern klingen?

. . . .

. . . .

36.2 Was gehört in die Lücken der folgenden Mundartwitze?
Was sagt ein . . . ., wenn er in Amerika einen Weihnachtsbaum kaufen will?
„Ätänschenplease!" –
„Herr Ober, in meiner Suppe . . . .!" – „Sinns bloß schdill, sonsd wulln die annern a enne." –
Kommt der Bauer mit dem Bulldog auf den Hof: „Fraa, i bin grad nei ä Radarfalln gfahrn." –
„Unn, ...?" – „Nää, gschäbberd." –
Ein Feriengast fragt einen Einheimischen: „Entschuldigen Sie, wie heißt der Berg da vorn?" Der Bayer sieht sich um: „Woichana?" Der Tourist: „. . . . ."

36.3 Eberhard Wagner: *Selbstkritik*
den jads
ham die neecha erfunna
in NEW ORLEANS/USA
und schbilln
tunnan die weißn

die mundoord
machn die glann leid
in bareid in frankn in deidschlond
und dichdn drin
tun die gschdudierdn

Um welchen Dialekt handelt es sich bei diesem Gedicht?

. . . .

36.4 Wie lautet eine Übertragung des Gedichts in die hochdeutsche Standardsprache?

. . . .

. . . .

. . . .

. . . .

. . . .

15. Spiel mit Textgestaltungsregeln

37.1 Unbekannter Verfasser:

Eine Tüte mit Erbsen wollte ich heute
in den Vorratskeller bringen. Da platzte
die Tüte. Ich rief: „He!“ Doch die Erbsen
hörten nicht. Sie sprangen
die Trep -
pe - pe - pe
pe - pe - pe
pe - pe - pe
pe - pe - pe
hinab.

Unbekannter Verfasser

Was macht diesen Text zu konkreter Poesie in den beiden Spielarten visueller Poesie und Klangdichtung? Welche Rolle spielen dabei Bewegung und Geräusch?

. . . .

. . . .

. . . .

. . . .

. . . .

38.1 Paul Maar: *Anders geschrieben*

Diese Beispiele zeigen, dass es gar nicht so schwer ist, im Layout eines Textes seinen Inhalt widerzuspiegeln.

39.1 Winfried Ulrich: *Sprichwort*

In d Krze
liegt d Wrze!

Auch hier gibt es eine Beziehung zwischen dem Inhalt der Aussage und der graphischen Darstellung des Kurztextes.

. . . .

39.2 Man kann auch andere Sprichwörter entsprechend gestalten:

Der längste Weg ist oft der kürzeste. – Lange Schritte machen den Weg kurz. – Lange Gespräche machen kurze Tage. – Muss sich der Lange bücken, so muss sich der Kurze strecken. – Je kürzer die Tage, desto länger die Nächte.

. . . .

. . . .

. . . .

. . . .

40.1 Claus Bremer:

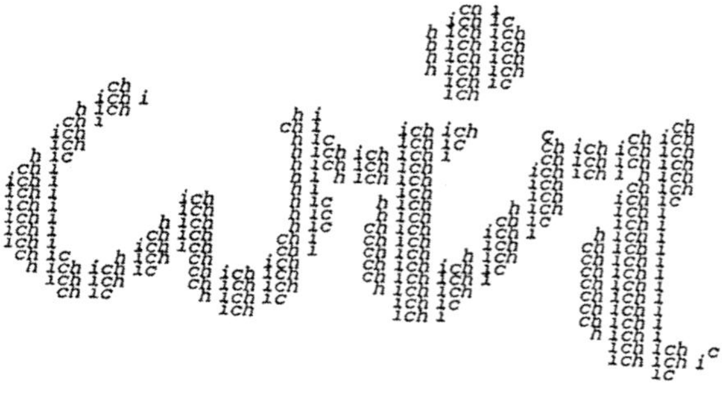

Wie kann man die Aussage des Textes in einem vollständigen Satz wiedergeben?

. . . .

40.2 Wie lässt sich interpretieren, dass alle *ich* zwar in Zeilen und Spalten klar geordnet erscheinen, aber Wörter wie Buchstaben in unverbundener Druckschrift und z. T. als Wort beschädigt, während das *wir* in verbundener Schreibschrift abgebildet ist?

. . . .

. . . .

. . . .

41.1 Gerri Zotter, Mira Lobe, Renate Welsh:

```
                 Widerstand

jajajajajajajajajajajajajaja
jajajajajajajajajajajajajaja
jajajajajajajajajajajajajaja
jajajajajajajajajajajajajaja
jajajajajajajajajajajajajaja
jajajajajajajajajajajajajaja
jajajajajajajajajajajajajaja
jajajajajajaneinjajajajajaja
jajajajajajajajajajajajajaja
jajajajajajajajajajajajajaja
jajajajajajajajajajajajajaja
jajajajajajajajajajajajajaja
jajajajajajajajajajajajajaja
jajajajajajajajajajajajajaja
jajajajajajajajajajajajajaja
jajajajajajajajajajajajajaja
```

Was drückt diese visuelle Präsentation eines Textes alles aus?

. . . .

. . . .

. . . .

. . . .

41.2 Wie könnten Varianten dieser Präsentation mit dem gleichen oder einem ähnlichen Thema aussehen?

C. Lösungen

1.1 Der Sprecher möchte, dass der Angesprochene ihm den Weg zum Bahnhof zeigt oder beschreibt. Es ist eine Bitte um Auskunft.

1.2 Es handelt sich um eine Bitte um Auskunft.

1.3 Er interpretiert ihn als eine Bitte um Verzeihung.

1.4 Beschwerde

1.5 Entschuldigung

1.6 Das Klopfen an die Decke bei Lärm im Geschoss darüber ist konventionell ein Zeichen, dass man sich gestört fühlt und Ruhe einfordert. Das ist eigentlich ein deutlicher Hinweis auf eine Beschwerdehandlung, der ein tatsächliches Missverständnis ausschließt. Durch die Umdeutung zu einer Entschuldigungshandlung rettet sich der Mieter aus dem ersten Stock aus einer für ihn peinlichen Situation.

1.7 Das Mütterchen bittet um Auskunft, der Landstreicher sieht darin ein Angebot.

1.8 Information

1.9 Er identifiziert *Napoleon Bonaparte* richtig als Personennamen, versteht darunter aber keine historische Person, sondern einen Mitprüfling.

1.10 a) Welche Ausgabe wünschen Sie denn/soll es denn sein?
b) Welch eine (Geld-)Ausgabe ist damit verbunden!

1.11 Ausrufezeichen

1.12 a) Bitte um Information, b) Kritik oder Bewunderung

1.13 Niemand *hält eine Biene*, sondern besitzt als Imker mindestens ein ganzes Volk Bienen. Mit seiner Äußerung will er also auf die geringe Honigmenge auf dem Frühstückstisch hinweisen.

1.14 Dank

1.15 Kritik

1.16 Seinen Verstand verlieren kann nur jemand, wer einen solchen besitzt. Eben das spricht der Chef Lehmann aber ab. Insofern ist die Behauptung, er habe einen zu verlieren, Prahlerei.

1.17 Es ist eine kommentierende Feststellung: Sie müssen ja verrückt sein, wenn Sie glauben, das werden zu können.

1.18 „Trinken Sie?“

1.19 Fragehandlung, weil man etwas wissen will – Angebotshandlung

1.20 „aber wenn ich vielleicht ein Gläschen Milch bekommen könnte?“

1.21 Auskunft einfordern – Angebot

1.22 Entweder hat die Gnädigste besser gesungen als jemals vorher. Dann ist die Antwort ein Kompliment. Oder sie hat schon immer so schlecht gesungen. Dann ist die Antwort eine Zustimmung.

1.23 *„Heil Hitler!“* Intendiert ist der damals verbreitete Gruß. Umgewandelt wird er in eine Aufforderung.

1.24 *Eine Frau, die dafür bekannt ist, ihren Mann sein Leben lang geplagt zu haben, lässt auf seinen Grabstein schreiben:*
Ruhe in Frieden, bis wir uns wiedersehen!

2.1 Ein Heuchler verstößt gegen die Aufrichtigkeitsbedingung, die bei allen Sprechakten erfüllt sein muss, wenn diese gelingen sollen. Er lässt seine wirklichen Gedanken nicht erkennen, sondern versteckt sie hinter anderen. Es handelt sich also um eine Täuschungshandlung, mit der man sich verstellt.

2.2 Der Gruß ist ein Lockmittel, denn dem Bauern ist klar, dass der Fuchs es auf sein Federvieh abgesehen hat.

2.3 Er schreibt extra mit dem Blut einer gestohlenen Gans, und er weist darauf hin, dass der Nahrungsbedarf mit der Geburt von Nachwuchs gewachsen ist.

2.4 Eine Maus in ihrem Loche schlief, / da schrieb ihr die Bäuerin Bolte einen Brief: / So und so, sie sollte nur kommen, / sie sei von ganzem Herzen willkommen. / Die sehr kranke Katze sei seit Tagen weg, / In der Speisekammer dufte der geräucherte Speck. / Und wann sie denn erscheinen wollte / Ihre mäuseliebende Bäuerin Bolte. ...

3.1 Der Brief des Verlegers stellt eine auf die Spitze getriebene Ironie dar. Seine wahre Einstellung und Einschätzung des Manuskripts steht im Widerspruch zu dem übertriebenen Lob. Für die Ablehnung wird eine Pseudobegründung angegeben. Allerdings handelt es sich hier wohl nicht um wirkliche Täuschung des Briefempfängers, weil die grandiose Übertreibung für ihn durchscheinen lässt, dass es sich um Ironie handelt und er das Lob nicht ernst nehmen muss. Dagegen könnte er gekränkt sein, weil die Einreichung seines Manuskripts dadurch lächerlich gemacht wird.

3.2 „Wir haben Ihr Werk mit Interesse gelesen. Sie greifen darin eine Thematik auf, die möglicherweise auch andere Menschen beschäftigt. Ihr eigenwilliger Stil mag manchem sogar gefallen. Insgesamt ist die Darstellungsweise freilich so ungewöhnlich, dass sie auch verwirren kann. Deshalb wird nicht immer ganz deutlich, was Sie eigentlich zum Ausdruck bringen wollen. Eine mögliche Veröffentlichung will wohl überlegt sein.“

3.3 Wenn der Autor ein wenig sensibel für sprachliche Ausdrucksweisen und ihre kommunikative Wirkung ist, muss er sich durch die in Sarkasmus übergehende Ironie verletzt und verhöhnt vorkommen. Die übermäßigen Übertreibungen verstärken den bitteren, beißenden Spott.

3.4 Die Hyperbel untergräbt in diesem Fall durch maximale Steigerung die Glaubwürdigkeit der Feststellungen und bewirkt sogar einen komischen Effekt.

3.5 Wir kommen ja nur im Schneckentempo voran. – Der hat Geld wie Sand am Meer. – Ich hab' dich zum Fressen gern. – Ich bin todmüde. – Sie versank in einem Meer von Tränen.

3.6 „Wir haben Ihren Song gehört und stehen noch ganz in seinem Bann. So etwas ist uns noch nie zu Ohren gekommen! Wir sind begeistert von der betörenden Melodie, von dem überirdischen Sound. Die sich aus Elementen des Rock, Punk und Pop auf einmalige Weise zusammensetzende Musik muss bei allen Hörern einen Sturm der Begeisterung auslösen. Und dann diese Stimme: wie aus einer anderen Welt, ungebändigt kraftvoll, mitreißend wie ein gewaltiger Orkan, dem sich niemand entziehen kann! Der Text: ein Evangelium! Wir sind überwältigt und verneigen uns ehrerbietig vor diesem Jahrhundertereignis. Uns selbst halten wir weder für würdig noch für fähig, dieses geniale Meisterwerk zu produzieren.“

4.1 Die Fragen enthalten immer gleich mehrere für den Zeugen unangenehme, falsche „Präsuppositionen“, Unterstellungen, die nicht in Frage gestellt, sondern stillschweigend als zutreffend angesehen werden, da sich ein Nein in der Antwort immer nur auf eine Aussage der komplexen Frage bezieht, die übrigen Unterstellungen aber nicht mit als unzutreffend zurückweist.

4.2 Die Frageformulierungen engen seine Antwort von vornherein auf einen Aspekt ein. Er müsste aber die Fragen insgesamt mit allen implizierten Voraussetzungen ablehnen.

4.3 Im Originaltext ist dies die Fortsetzung:
Ich: „Es gab keine Anklage.“
Verteidiger: „Wollen Sie behaupten, Herr Kishon, dass man in unserem Land zu Gefängnisstrafen verurteilt werden kann, ohne dass es eine Anklage gibt?“
Ich: „Ich war nicht im Gefängnis.“
Verteidiger: „Ich habe nicht gesagt, dass Sie im Gefängnis waren. Ich habe nur gesagt, dass Sie zu einer Gefängnisstrafe verurteilt wurden. Verdrehen Sie mir nicht das Wort im Mund, Herr Kishon. Antworten Sie mit Ja oder Nein.“
Ich: „Ich wurde nie zu einer Gefängnisstrafe verurteilt und bin nie im Gefängnis gesessen.“
Verteidiger: „Dann sagen Sie mir doch bitte, welches Urteil gegen Sie wegen Verführung einer Minderjährigen gefällt wurde!“
Ich: „Es wurde überhaupt kein Urteil gefällt.“
Verteidiger: „Warum nicht?“
Ich: „Was heißt das: warum nicht? Weil es keinen solchen Prozess gegen mich gegeben hat!“
Verteidiger: „Was für einen Prozess hat es denn sonst gegeben?“
[...]

4.4 Peter hat Drogen genommen. – Heinz hat dich angelogen. – Karl hat mal geraucht. / Karl hat aufgehört zu rauchen. – Fred hat sich heimlich mit jemandem getroffen. – Der/die Angesprochene ist aus einem Sportverein ausgetreten. – Der/die Angesprochene ist auf der Geburtstagsfeier einer Person namens Helga gewesen.

4.5 „Stimmt es, Herr Minister, dass Sie im Mai vorigen Jahres auf einem Empfang in der spanischen Botschaft in betrunkenem Zustand eine Rede gehalten haben, in der Sie unsere Bundeskanzlerin als unfähig bezeichnet haben?“
„Nein, das stimmt nicht.“
„Nicht? War es denn im Juni des vorigen Jahres, als Sie dort betrunken eine Rede gehalten haben, in der Sie unsere Bundeskanzlerin als unfähig bezeichnet haben?“
„Ich habe keine Rede in der spanischen Botschaft gehalten.“
„In welcher Botschaft war es denn, in der Sie betrunken eine Rede gehalten und unsere Bundeskanzlerin als unfähig bezeichnet haben?“
„Ich habe in keiner Botschaft betrunken eine Rede gehalten.“
„Bei welcher Gelegenheit haben Sie dann unsere Bundeskanzlerin als unfähig bezeichnet?“ ...

4.6 „Ich bin niemals als Baby in München in einer Kinderkrippe abgegeben worden, habe keine 16 Jahre ältere Mutter, heiße weder Heidi noch Karin und bin nie von Pflegeeltern aufgenommen worden.“

5.1 Der Redner kommt in seinem Diskussionsbeitrag nicht darüber hinaus zu erwägen, welche Frage in der gegebenen Situation gestellt werden müsse. Den möglichen Inhalt einer solchen Frage erwähnt er nicht. Er redet, sagt mit seinen leeren Worthülsen aber nichts. Immerhin zweifelt er zum Schluss selbst an, dass er etwas Sinnvolles zur Diskussion beigetragen hat.

5.2 man weiß ja vom Hörensagen das eine kann ich Ihnen sagen ganz direkt sagen und nicht nur durch die Blume sagen man wird ja wohl noch sagen dürfen hat noch keiner gesagt mit Sicherheit kann man nur sagen man kann jedoch nicht sagen also sag mal habe ich nun genug gesagt …

5.3 meiner Meinung nach möchte ich meinen nicht so gemeint …
könnte zum Problem werden ich würde das Problem lösen indem das Problem besteht darin das eigentliche Problem sehe ich kein Problem für mich …

6.1 Alle Zähne sollen dir herausfallen! Nur einer soll dir bleiben: für Zahnweh.

Eine Kundin verlangt Kartoffeln. „Ich habe holländische Kartoffeln", sagt der Gemüsehändler. „Ich möchte aber deutsche Kartoffeln haben", antwortet die Kundin. „Wollen Sie die Kartoffeln nun essen oder sich mit ihnen unterhalten?"

Ein Edinburgher Arzt pflegt die erste Konsultation ziemlich teuer zu berechnen. Für jede weitere nimmt er dann aber nur die Hälfte. Das weiß McNepp. Und deshalb betritt er das Sprechzimmer des Arztes mit den Worten: „Guten Morgen, Herr Professor, da bin ich wieder einmal." Der Professor durchschaut den ihm völlig Unbekannten sofort. Er entgegnet freundlich: „Ich sehe, dass das Mittel schon gut geholfen hat. Gebrauchen Sie es nur weiter so wie bisher."

6.2 „Da warste aber von den Socken, was?"

6.3 „Werter Herr Schindler, das ‚w', das in Ihrem Namen fehlt, hat Ihr Schweißhund zuviel!"

6.4 „So, jetzt arbeite!"

6.5 In jeder Zeile werden zwei gegensätzliche, unverträgliche Aussagen gemacht, teils durch den Gebrauch von Antonymen wie *dunkel* und *hell*, teils mit sich gegenseitig ausschließenden Behauptungen wie die, dass Leute gleichzeitig *stehen* und *sitzen*. Ein Kind, dessen Spracherwerb noch am Anfang steht, wird sich darüber freuen, dass es die Widersprüche schon erkennt und als Spiel erfasst, ein älterer Leser wird eher die entstehende Komik als beabsichtigte Nonsens-Verse wahrnehmen.

6.6 Und der Wagen fuhr mit Tempo / Rückwärts einen Berg hinauf. / Als ein stumm schreiender Floh / Herbeiflitzte in kriechendem Lauf.
Oben auf 'nem Apfelbaume, / Der sehr süße Kirschen trug, / Fraß ein Habicht eine Pflaume / Und von Bonbons auch genug.
Und vier Karpfen liefen munter / Über grüne Wiesen hin / Doch dann ging die Sonne unter / Und der frühe Tag erschien. …

6.7 Beim Skat ist es eine oft spielentscheidende Angriffshandlung, wenn man den Kreuzbuben, also die stärkste Trumpfkarte, auf den Tisch legt. Das ist in gewisser Weise dem Schach-Bieten beim Schachspiel vergleichbar. Der Spieler „überträgt" demnach den Begriff von einem Spiel auf das andere. Das hat der Mitspieler durchaus begriffen, der ihn scheinbar tadelt, in Wirklichkeit aber das Übertragungsspiel fortsetzt, indem er aus dem Fußball den dritten Angriffsterminus entlehnt: Elfmeter.

7.1 Die Überschrift eröffnet das Thema und lässt jedes Einzelwort als Satzfragment, als Ellipse erscheinen, das auf einen bestimmten Vorgang, eine Handlung im situativen Rahmen verweist. Dabei gibt die Reihenfolge den inhaltlichen Fortschritt, die thematische Progression an: vom Beladen des Autos und dem Aufbruch bis zum Erreichen des Hotels und dem Schlafengehen.

7.2 Die syntaktisch unverbundene Reihungstechnik passt zur Hektik des beschriebenen Geschehens: Beim eiligen Packen darf nichts vergessen werden, unterwegs ermüden die rasch wechselnden Sinneswahrnehmungen, bei Ankunft um Mitternacht ist das Hotel mit vielen Urlaubern total überfüllt.

7.3 Schule: aufsteh'n duschen zähneputzen / tasche schnappen fahrrad nutzen / autos stinken straßenbahn / referat genug getan / schulgebäude klasse rein / läuten lehrer mathe pein / pause schulbrot nur kein bier / englischarbeit glatte vier / sechste stunde endlich schluss / dann bis morgen nun ein kuss

8.1 Im großen Hörsaal des Auditorium Maximum der hiesigen Universität fand gestern Nachmittag ab 15 Uhr eine öffentliche Informationsveranstaltung statt, bei welcher der Rektor, Seine Magnifizenz Prof. Dr. Friedrich Schlaumeier, mehr als 600 Schüler der Oberstufen vieler Gymnasien und Gemeinschaftsschulen, die aus dem ganzen Land in Bussen angereist waren, als zukünftige Studierende zum Studieninformationstag begrüßte und Vertreter aller Fakultäten anschließend in Vorträgen sowie Gruppen- und Einzelgesprächen darüber informierten, welche Studiengänge, entweder mit Zulassungsbeschränkungen und zentraler Studienplatzvergabe oder ohne Zulassungsbeschränkungen, an der Hochschule angeboten werden, wie viele Semester die Mindeststudienzeit jeweils beträgt, welche Vorbereitungskurse in der vorlesungsfreien Zeit noch vor Beginn des ersten Semesters angeboten werden, welche Inhalte der Studienordnungen besonders wichtig sind, welche Prüfungen zu welcher Zeit vorgesehen sind und wie gut die späteren Berufsaussichten sein werden, welche die Studierwilligen nach bestandener Abschlussprüfung erwarten könnten, wenn sie mit passablen Examensnoten auf Arbeitsplatzsuche gehen würden.

8.2 Als die Polizei, die von Passanten gerufen worden war, nachdem diese beobachtet hatten, wie eine Gruppe von Jugendlichen, die auf einer Geburtstagsparty reichlich Alkohol zu sich genommen hatten, im Stadtpark randalierten, mit zwei Bereitschaftswagen eintraf, kam es zu einer tätlichen Auseinandersetzung, bei der zwei Jugendliche einen Polizisten so schwer verletzten, dass er ins Krankenhaus eingeliefert werden musste.

9.1 In beiden Witzen lässt sich der Satzbau unterschiedlich deuten und ist vom Doktor (*in kaltem Wasser* bezieht sich auf das Objekt *die Medizin*) bzw. von Frau Müller (*im Schaufenster* ist Adverbialbestimmung des Ortes) anders gemeint, als er von Frau Krause (*in kaltem Wasser* bezieht sich als Adverbialbestimmung des Ortes auf das Subjekt des Nebensatzes *mein Mann*) bzw. von der Verkäuferin (*im Schaufenster* ist nachgestelltes Attribut von *das rotschwarze Kleid*) verstanden wird.

9.2 *Torsten sah Luise mit dem Fernrohr.*
Entweder hatte Torsten das Fernrohr, oder Luise hatte es. *Fernrohr* ist Präpositionalobjekt (*sah mit dem Fernrohr*) oder nachgestelltes Attribut (*Luise mit dem Fernrohr*).
Die Beschimpfung des Journalisten führte zu einer heftigen Auseinandersetzung.

Der Journalist hat jemanden beschimpft oder ist selbst beschimpft worden. *Des Journalisten* ist in beiden Fällen Attribut von *Beschimpfung*, aber einmal als „Genitivus subjectivus“ und das andere Mal als „Genitivus objectivus“.
Kluge Mädchen und Jungen wechseln aufs Gymnasium.
Entweder wechseln *kluge Mädchen* und *kluge Jungen* aufs Gymnasium oder nur *kluge Mädchen*, aber alle *Jungen*, nicht nur die klugen. Das vorangestellte Attribut *kluge* bezieht sich auf das gesamte Subjekt des Satzes *Mädchen und Jungen* oder nur auf dessen ersten Teil *Mädchen.*
Er traf eine Frau, die beim Spaziergang verlorene Handschuhe wiedergefunden hatte.
Die Handschuhe wurden beim Spaziergang entweder verloren oder wiedergefunden. *Beim Spaziergang* ist Adverbialbestimmung zu *verloren* oder zu *wiedergefunden.*

9.3 „Nein, nein, behalten Sie mal schön die Hose an!“

10.1 Jemand entfernt den Nagellack von den Fingern.
Jemand verkauft Sträuße von Eisblumen.
Jemand klebt Tüten für einen Liter Vollmilch. ...
Jemand erzählt Geschichten von tausend und einer Nacht.

10.2 Apfelbaumblattlausabsammler, Frühkartoffelschälmesserschärfer, Autobahnverkehrsunfallstatistikaufsteller, Rindfleischetikettenüberwachungsgesetzgeber, Donaudampfschifffahrtskapitänswitwenrentenauszahler

10.3 Mit Hilfe des Kurzzeitgedächtnisses kann man sich nur eine begrenzte Zahl von Wortbestandteilen merken, um deren Bedeutungen Zug um Zug zu einer Gesamtwortbedeutung zusammenzuschließen. Bei Überschreitung dieser Grenze geht der Überblick verloren. Je länger das Wort, desto schwerer ist es zu lesen und zu verstehen: „Psychoselbsterfahrungsfamilienaufstellungskörpertantrapersönlichkeitsentwicklungsseminare“ (in: Sprachreport 2/2010, S. 6).

11.1 In mehreren Fällen wird den Tieren jeweils eine bestimmte Eigenschaft zugesprochen, die dann bei metaphorischer Verwendung der Zusammensetzung auf Menschen übertragen wird: Der Hase schlägt auf der Flucht blitzschnell Haken und gilt so als ängstlich, der Fuchs als listig und schlau. Vom mittelalterlichen Vogelfang ist die Vorstellung erhalten geblieben, dass Vögel an einer mit Vogelleim bestrichenen Rute, die auch „Pechrute“ genannt wurde, festklebten und so einen üblen Schicksalsschlag erlitten. Finken und Spatzen baden oft in schmutzigen Pfützen. Wenn es irgendein Tier gibt, das mit süßen Speisen in Verbindung gebracht wird, ist es die Katze. Spaßvögel sind eine zu den Neuntötern gehörende Vogelart mit komisch erscheinenden Bewegungen. Eine Ratte verschlingt alles und vieles, eine Leseratte viel Lesestoff. Wie ein nagender Wurm frisst sich der Bücherwurm eifrig durch viele Bücher.

11.2 Goldesel, Streithammel, Sündenbock, Schweinehund, Mistfink, Lockvogel, Unglücksrabe, Meckerziege, Mucksmäuschen, Mondkalb, Schmeichelkatze ...

11.13 *Großstadtpflanze*: Person, die in einer Großstadt aufgewachsen ist oder überwiegend dort gelebt hat. Sie hat wie eine Pflanze immer an derselben Stelle gelebt. – *Eisblume*: gefrorener Niederschlag an der Fensterscheibe. Kristallbildung in Form einer Blume. – *Knallerbse*: kleine Kugel mit einer Papierhülle, die beim Aufschlagen knallend platzt. Runde Form und Größe einer Erbse. – *Adamsapfel*: hervortretender Teil des Schildknorpels am Kehlkopf. Volksglaube, dass Adam ein Stück des Paradiesapfels im Halse steckenblieb. – *Cognacbohne*:

mit Kognak gefülltes Praliné. Bohnenform. – *Stammbaum*: durch eine graphische Darstellung veranschaulichte Beschreibung der Abstammung eines Lebewesens von seinen Vorfahren. Form von Stamm, Ästen und Zweigen. – *Haarbusch*: dichtes Haar, das ungeordnet auf dem Kopf steht. Formähnlichkeit. – *Flugblatt*: von Flugzeugen abgeworfenes Papier, das über ein aktuelles Ereignis informiert. Verbreitung wie ein im Wind fliegendes Blatt. – *Gürtelrose*: Viruskrankheit, die Nervenschmerzen und gürtelartig angeordnete Bläschengruppen verursacht. Formähnlichkeit mit Blüte. *Mauerblümchen*: Mädchen, das beim Tanzen nur selten aufgefordert wird. Wächst wenig beachtet am Rande eines Gartens.

12.1 Wenn zwei aus mehreren Wortbausteinen bestehende Wörter sich in einem gemeinsamen Bestandteil überlappen, die zweite Komponente des ersten Wortes mit der ersten Komponente des zweiten Wortes, dann können beide Wörter zu einem dreigliedrigen Wort zusammengeschoben werden: *Stinktier* + *Tierschutz* → *Stinktierschutz*. Diese Konstruktion kann auch als „Kreuzung“ der beiden Ausgangswörter verstanden werden, aber auch als „Schachtel“ oder „Koffer“, in die das gemeinsame Element „eingepackt“ wird.

12.2 Komik entsteht, wenn die beiden Ausgangswörter sehr verschiedene Sinnbereiche repräsentieren und stark voneinander abweichende Bewertungen zum Ausdruck bringen. Negative Assoziationen: ‚Tier, das ein widerlich riechendes Sekret versprüht‘ gegenüber positiven Assoziationen: ‚Bemühungen der Menschen, Tiere zu schützen und zu erhalten‘. Nach Verschmelzung zu einem Wort werden bizarre Vorstellungen geweckt, oder es kommt durch das Zusammentreffen der Assoziationen zu semantischen Turbulenzen: ‚den übel riechenden Stinktieren Geborgenheit geben‘.

12.3 Fußpilzsammler, Hampelmannschaft, Zitroneneisbär, Autobahnhof, Sandsturmflut, Falltürsteher, Rehrückenschwimmen, Flussbettdecke …

12.4 Anfang und Ende zweier zweisilbiger Tierbezeichnungen werden nach Silbentrennung miteinander „gekreuzt”.

12.5 Eichel und Kamhörnchen, Gosan und Farilla, Krawe und Lönich, Robling und Sperbe, Tine und Spinger, Zege und Ziebra…

13.1 Der vollständige Text des Gedichts ist der folgende:
Günter Bommert: *Magisches Quadrat*

Es fuchst den Luchs,
wenn der Luchs ihn beluchst.
Nicht stört es den Stör,
wenn der Wurm sich wurmt.
Es luchst der Fuchs,
und das fuchst den Luchs.
Nicht stört es den Wurm,
wenn der Stör sich wurmt.

Wenn der Luchs sich wurmt,
fuchst es nicht den Stör.
Es luchst der Wurm,
und das stört nicht den Fuchs.
Es luchst der Stör,
und das wurmt nicht den Fuchs,
und es stört nicht den Luchs,
und es fuchst nicht den Wurm.

Zwar wird ein Fuchs
vom Wurm gestört,
doch es fuchst keinen Stör,
wenn der Wurm ihn beluchst.
Eher stört es den Wurm,
wenn der Stör ihn beluchst,
und es wurmt den Luchs,
wenn der Fuchs ihn stört.

Auch ein Luchs wird
empfindlich vom Wurm gestört.
Doch den Stör wurmt es nicht,
wenn der Fuchs ihn beluchst.
Und den Wurm fuchst es nicht,
wenn der Luchs ihn stört.
Doch den Fuchs stört es sehr,
dass der Luchs ihn wurmt.

13.2 Es gibt im Deutschen viele Verben, die mit Hilfe des Suffixes *-(e)n* von Tierbezeichnungen abgeleitet worden sind und ein spezifisches, dem jeweiligen Tier zugeschriebenes Verhalten bezeichen, das auch auf menschliches Handeln übertragen wird z. B.: *robben* ‚auf dem Bauch kriechen wie eine Robbe', *hechten* ‚einen Sprung wie ein Hecht machen, der auf seine Beute zuschießt', *hamstern* ‚Vorräte anlegen wie ein Hamster', *ferkeln* ‚sich benehmen wie ein schmutziges Ferkel'. Auch *luchsen* lässt sich gut als Ableitung von *Luchs* verstehen: ‚spähen und scharf beobachten wie das mit einer hervorragenden Sehkraft ausgestattete Tier'. Bei *fuchsen* und sich *wurmen* mit der Bedeutung ‚ärgern' ist es schon schwerer, eine inhaltliche Beziehung zum Tier zu erkennen. Kann man bei *wurmen* immerhin von der ‚Vorstellung eines nagenden *Wurms*' ausgehen, ist die Entstehung von *fuchsen* nicht sicher geklärt. Vermutet wird, dass es auf den „Pennalismus", ein Dienstverhältnis zwischen jüngeren und älteren Studierenden an deutschen Universitäten im 16./17. Jh. zurückgeht, bei dem der jüngere als *Fuchs* vom älteren ‚geneckt und schikaniert' wurde. In studentischen Verbindungen ist der *Fuchsmajor* noch heute ein älterer Verbindungsstudent, der den *Füchsen* vorsteht und sie unterweist. Bei *stören* steht fest, dass das Verb nicht von *Stör* abgeleitet worden ist, sondern auf den Zusammenfall zweier ursprünglich getrennter Verben mit den Bedeutungen ‚herumstochern' bzw. ‚aus der Ordnung bringen' zurückgeht. In diesem Fall handelt es sich also nur um eine formale Ähnlichkeit zwischen *Stör* und *stören*.

13.3 Als „Magisches Quadrat" bezeichnete man früher ein auch als Talisman verwendetes Quadrat, das schachbrettartig in Felder mit Zahlen geteilt ist, deren Summe waagerecht, senkrecht oder diagonal immer gleich ist:

1	15	14	4
12	6	7	9
8	10	11	5
13	3	2	16

Das Gedicht entspricht dem mit seinen vier Strophen in quadratischer Anordnung, je Strophe vier Sätze zu zwei Zeilen, Verwendung von vier Tierbezeichnungen und vier (scheinbar) von diesen abgeleiteten Verben. Man assoziiert inbesondere beim wiederholten lauten Lesen Zaubersprüche, Sprachmagie.

14.1 Es sind die grammatischen Flexionsformen eines einzelnen, isolierten Wortes als eines Elements des Lexikons (Lexem). Es hat zwar eine Bedeutung, aber zu einer sprachlichen Äußerung mit einer inhaltlichen Aussage (Proposition) kommt es erst, wenn das Wort kommunikativ verwendet und dabei in einen situativen und sprachlichen Rahmen eingebaut wird. Erst dann wird das Wort zum Bestandteil eines Satzes und/oder eines Textes.
Redings Kunstgriff besteht darin, dass er ein Wort nicht nur mit einer Flexionsform vertextet, sondern dass er es in allen vier Kasus hintereinander wie in einer Grammatik einbaut und dass sich dabei eine sinnvolle syntaktische Wortverbindung ergibt.

14.2 Ist es denn wahr,
dass
der Täter
des Täters
dem Täter
den Täter
übergibt?
Oder hat er ihn der Polizei übergeben?

Wann endlich überreicht
das Opfer
des Opfers
dem Opfer
das Opfer?
Wann endlich?

14.3 Das Personalpronomen wird im Unterschied zum Verb *lieben* in allen Singularformen angeführt und gibt durch den Wechsel das Thema vor.

14.4 Mögliche Deutungen: Erst in der zweiten Strophe werden ein männliches und ein weibliches Wesen zusammengeführt, und zwar im Unterschied zur ersten Strophe in einer Zeile, sodass die Liebe deutlich einen sexuellen Charakter annimmt und dann zur Fortpflanzung führt. Die Klammer könnte andeuten, dass das Kind noch nicht geboren ist.

15.1 Als konjugiertes Verb weist *gehen* in Verbindung mit den verschiedenen Personalpronomen die Bedeutung ‚sich zu Fuß fortbewegen' auf. In Verbindung mit dem als Scheinsubjekt und Stellvertreter einer handelnden Person fungierenden unpersönlichen Pronomen *es* ist es zu einer formelhaften Wendung mit den Bedeutungen ‚Es geht mir einigermaßen gut, könnte aber besser sein' oder ‚Es ist möglich' verblasst.

15.2 *Laufen*: ‚schnell gehen' – *Es läuft!*: ‚Etwas geht gut, verläuft gut, funktioniert.'
Reichen: ‚jemandem etwas geben' – *Es reicht!*: ‚Jetzt ist es aber genug!'

15.3 Alle reden, aber dabei bleibt unklar, ob ihnen überhaupt jemand zuhört.

15.4 Bereits in der Überschrift wird angedeutet, aber dann im Text ausgeführt, dass Beugung hier im Doppelsinn des Wortes verwendet wird: Flektiert wird das Wort *Recht*, absichtlich verdreht und missbraucht wird aber die *Rechtsordnung* selber.

16.1 Als der Hans die Bank hat überfallt, / Hat die Polizei ihn festgenehmt. / Sowas war noch niemals vorgefallt. / Hat der Hans sich wirklich schlecht benehmt! / Hat zu lange dran gegloben, / Dass viel Geld ihm hätte Glück gebrungen, / Hat schon viele Menschen ausgeroben, / Hätt sich gern mit einem Diamant berungen.

16.2 Für einen Toten schaufelt man ein *Grab*; für viele Tote schaufelt man *Gräben*.
Nur ein Mädchen trug einen *Rock*, die andern trugen Hosen, keine *Rocker*.
Sie aß zum Frühstück ein gekochtes *Ei*, er ein Omelette von mehreren *Eis*.
Im Stall blieb nur ein krankes *Rind*; die andern *Rinde* waren auf der Weide.

17.1 Was im Englischen als geflügelter Bote zwischen Gott und den Menschen auftritt, ist im Deutschen ein profanes Gerät zum Fischefangen.
Im Deutschen trägt man auf dem Kopf, was im Englischen bewohnbar ist.

17.2 Sie erscheinen als Freunde, weil sie durch ihr ähnliches Aussehen und ihre ähnliche Bauweise den Eindruck einer sehr engen Beziehung erwecken. Im Blick auf die Bedeutungen erweist sich das aber als Täuschung: Es sind eben keine richtigen, sondern nur „falsche“ Freunde.

17.3 Richtig ist natürlich: *Schlangen können beißen.*
He blamed the brave patron: Er blamierte die brave Patrone. / Er beschuldigte den mutigen Gönner. – Eventually he grabbed the gift: Eventuell vergrub er das Gift. / Schließlich griff er nach dem Geschenk.

17.4 Engl. *direction*: Richtung, *circle*: Kreis, *administration*: Regierung, *confession*: Geständnis, *paragraph*: Absatz.

18.1 Er könnte sich nicht mehr mit anderen Menschen verständigen, würde sich total isolieren und vereinsamen.

18.2 Die Wanderer packten ihre Eimer, schnürten ihre Wollsocken und setzten ihre Regenschirme auf. Die geplante Jagdbeute hatten sie auf der Einkaufsliste eingezeichnet. Nach drei Schritten wollten sie ihr Schiff erreicht haben, ein altes Strohdach, in dem sie sich das kühle Lüftchen schmecken lassen wollten.

18.3 Am Sonntag ereignete sich auf der Straße nach Neustadt bei Norddorf ein Unfall, der zwei Tote forderte. Der Fahrer des Wagens, Karl Müller, und sein Sohn, Fred Müller, waren auf der Stelle tot.

19.1 Die Antonyme *natürlich* und *künstlich* weisen als adjektivische „Gegenwörter“ die Bedeutungen ‚von Natur aus gegeben, nicht vom Menschen geschaffen‘ bzw. ‚nicht von der Natur hervorgebracht, sondern vom Menschen der Natur nachgeschaffen‘ auf. *Natürlich* trägt beim adverbialen Gebrauch aber auch die Bedeutung ‚selbstverständlich‘. Beide Lesarten werden im Gespräch ständig wechselnd verwendet, was eine Verständigung verhindert.

19.2 a) Kunde im Textilgeschäft: „Ich möchte ein paar Unterhosen kaufen.“ Verkäufer: „Lange, mein Herr?“ Kunde: „Ich möchte die Hosen kaufen, nicht mieten.“ Verkäufer: „Kurz?“ Kunde: „Nein, lang.“ Verkäufer: „Also was nun, lange oder kurz?“ Kunde: „Zum Donnerwetter: für immer!“
b) „Sie wird ein gewisses Verständnis dafür aufbringen.“ – „Gewiss?“ – „Vielleicht.“ – „Also was nun, ein gewisses oder ein sicheres Verständnis?“ – „Wahrscheinlich ein gewisses, aber das ist nicht sicher.“ – „Also vermutlich?“ – „Gewiss!“
c) „Allerdings habe ich dagegen etwas einzuwenden.“ – „Bist du sicher?“ – „Allerdings.“ – „Wie, also ganz gewiss?“ – „Du hast zwar weitgehend recht, allerdings nicht völlig.“ – „Allerdings hast du Gegenargumente?“ – „Allerdings!“

19.3 Schuppen, Lieblingsgericht, Glas, Föhn, gesessen.

20.1 *Begreifen*: anfassen – verstehen; *verstehen*: den Sinn von etwas erfassen – Verständnis für etwas haben; *selbstverständlich*: ohne weitere Erklärung verständlich, sich aus dem Zusammenhang der Sachverhalte ergebend – verständlich für einen selbst; *meinen*: glauben – einen bestimmten Standpunkt einnehmen, der Ansicht sein; *groß*: lang – bedeutend; *Begabung*: Talent – Anlage; *Gedankenfreiheit*: Denkfreiheit – Möglichkeit, von jedem Gedanken frei zu sein; *Testament*: Verfügung für den Fall des Todes, Teil der Bibel; *geistreich*: gescheit – über viel Geist als Eigentum verfügend; *Stoffwechsel*: Aufnahme, Umsetzung und Abbau von

Stoffen in einem lebenden Organismus – Wechsel der Bekleidung; *einstecken*: hinnehmen – etwas, besonders Geld, an sich nehmen.

20.2 Eine weiche Birne haben ist gut, aber nur im Obstkorb.
Nicht jeder liebt Bienenstiche, schon gar nicht, wenn sie schmerzen.
Über ein Pferd zu springen gelingt auch in der Turnhalle nicht jedem.
Boxer, die beißen, werden disqualifiziert.

21.1 Früher sprach man von „Hofberichterstattung", wenn man die Öffentlichkeit von Ereignissen an den Adelshöfen unterrichtete. Dabei verwendete man Ausdrücke des gehobenen Stils, um das Herausgehobene der vornehmen Personen zu betonen und Respekt und Achtung zu bezeugen. Heute haben Journalisten diesen Stil für Berichte über hochgestellte Persönlichkeiten übernommen. An die Stelle der normalen, einer mittleren Stilebene angehörende Ausdrücke treten dann Synonyme mit Begleitvorstellungen, die einen besonderen Glanz verbreiten sollen, z. B.: *sich begeben – fahren, weilen – sich aufhalten, geboten – erforderlich, speisen – essen, Gemach – Zimmer, wohlauf – gesund, genehm – willkommen, statthaft – erlaubt, Vermählung – Heirat, vernehmen – hören, Gefilde – Landschaft, Langmut – Geduld, Obliegenheit – Pflicht, Rebensaft – Wein, Schmach – Kränkung, Wohlgefallen – Gefallen*. Die Ausdrucksweise klingt dabei freilich oft etwas altertümlich, gedrechselt und steif, sodass kritische Leser zum Schmunzeln angeregt werden.

21.2 Von einer Eskorte der berittenen Polizei geleitet fuhr die Staatskarosse der Monarchin durch die von jubelnden schwärmerischen Verehrern gesäumten Straßen. Nach Erreichen des Palais wurde das gekrönte Haupt in prachtvoller, safranfarbener Robe ehrerbietig von unserem Staatsoberhaupt in Empfang genommen und mit seinem Gefolge in den Festsaal geführt. Zu den feierlichen Klängen dezenter Tafelmusik nahm die Gesellschaft an der überreich dekorierten Tafel Platz. Nach einer hochgestimmten Ansprache des Präsidenten wurde mit edlem Rebensaft auf die unverbrüchliche Freundschaft und die enge Zusammenarbeit beider Länder das Glas erhoben. Dann begann das Galadiner mit erlesenen Speisen und Getränken. Man tafelte üppig und parlierte bis weit in den Abend hinein.

21.3 können etwas, brauchen etwas, arbeiten, ruhen, verkünden, preisen, stehlen, sich bemühen, verzichten, nachdenken, zu erkennen geben, etwas erkennen, einer Meinung sein.

22.1 Nietzsche kritisiert auf ironische Weise, dass nach seiner Einschätzung nicht die fleißigen, von ihrer Arbeit lebenden Menschen den höchsten Lebensstandard genießen, sondern Wohlstand und Luxusleben der Menschen proportional ansteigen, je weniger sie arbeiten.

22.2 Wer im Schweiße seines Angesichts seinen Lebensunterhalt verdienen muss, der geht zur Arbeit. Wer ein hohes Einkommen hat, der schreitet zur Arbeit. Wer aber ein gut gefülltes Depot mit Wertpapieren besitzt, der wandelt durch die Parkanlagen.
Die Sportlerin zieht sich vor dem Duschen aus, die Patientin macht sich beim Arzt frei, der Fürst lässt sich von seinem Kammerdiener zum Schlafengehen entkleiden.
Der fleißige Schüler wird gelobt. Das Vorbild wird gepriesen. Der Sieger aber rühmt sich selbst seines Erfolges.

22.3 Der alte Graf wiegte nachdenklich sein Haupt.
Sie brachte ihr Pferd in den Stall.

Wie kann man nur einen solchen Fetzen tragen!
Du hast dein Zimmer schön eingerichtet.
Der Polizist ist des Bürgers Freund und Helfer.
Ich bin schon zwanzig Jahre Pfarrer bei euch.
Schon bald landete er wieder im Knast.
Zwei Wochen vor dem Abitur warfen sie ihn von der Schule.
Der Schulmeister genoss im Dorf hohes Ansehen.
Ein General braucht in der Schlacht auch Fortüne.

Bankkonto-Informationen sind entwendet/gestohlen worden.
Der Landstreicher hat wieder draußen gepennt.

Er hatte sich betrunken ans Steuer gesetzt.
Sag mal, bist du denn bescheuert?

23.1 *Faul* und *fleißig*, *hässlich* und *schön* stehen als Gegenwörter oder „Antonyme“ in einem inhaltlichen Oppositionsverhältnis zueinander. Sie bezeichnen gegensätzliche Eigenschaften. Die Ironie des Textes liegt darin, dass man natürlich nicht mit der Beseitigung aller Menschen mit negativen Eigenschaften, indem man sie *schlachtet,* die Welt verbessern kann.

23.2 Die Schwachen werden geschlachtet
die Welt wird stark
Die Armen werden geschlachtet
die Welt wird reich …
Die Verlogenen werden geschlachtet
die Welt wird ehrlich
Die Rücksichtslosen werden geschlachtet
die Welt wird rücksichtsvoll …

23.3 winzig – klein – groß – riesig

klatschnass – nass – feucht – trocken – knochentrocken

vermögend – reich – wohlhabend – betucht – bedürftig – arm – mittellos – bettelarm

24.1 In Karls schwarzer Mappe
hat er einen Raben aus Pappe!
Der haftet manchmal an seiner Kappe.
Nun halt deine schlappe Klappe!

Auf der grünen Wiese
schlief die liebe Liese
wie im Paradiese.
Das sieht ein schielender Riese
und singt ein Lied für diese.

24.2 Ein Beil, ein Seil, ein Keil, ein Pfeil brachten seit der Eiszeit weit und breit eiweißreiches Fleisch.
Frau, graul die Maus im Haus mit Rauch raus zur Maus mit Bau am Zaun.
Schau, das Laub auf dem Baum ist braun und auch rau, es fault.

25.1 Drei drollige Drachen drehten draußen dringlich am Drücker, aber drinnen drohten dreiste Draufgänger, nämlich dralle, dreckige Drosseln mit einem Draht und drängten die Drachen drastisch nach drüben zurück.
Flinke Fledermäuse fliehen flehend mit flatternden Flügeln, weil flotte Flöhe sie fleißig von der Flanke attackieren.
Prominente, privilegierte Professoren prahlten und protzten auf Prospekten mit ihren Programmen und protestierten profan gegen protestantische Pröpste und deren problematische und provokante Prophezeiungen.

26.1 Beim Schüttelreim handelt es sich um einen doppelt reimenden Paarreim, bei dem die Anfangskonsonanten der am Reim beteiligten Wörter oder Silben vertauscht werden: Schüttelreime machen Lust, möglich, dass du lachen musst.

26.2 Es klapperten die Klapperschlangen, bis ihre Klappern schlapper klangen.
Ich kenne einen Schweinemäster, der ist so dick wie meine Schwester.
Beim Zahnarzt in den Wartezimmern hört man nicht nur Zarte wimmern.
Ins Teppichhaus die Käufer laufen, sie alle wollen Läufer kaufen.
Die Menschen mögen Möwen leiden, während sie die Löwen meiden.
Ich sehe einen Hund graben, das muss doch einen Grund haben.
Wenn euch gebrat'ne Schollen winken, dann zetert nicht: „Wir wollen Schinken!"

27.1 **A**ls **B**eate **C**omics **d**ichtete, **e**rschienen **f**ast **g**leichzeitig **h**undert **I**ndianer, **j**agten **K**aninchen, **l**ießen **M**arterpfähle **n**iederbrennen, **o**pferten **p**feifende, **q**uakende **R**aben, **s**angen, **t**rällerten **u**nd **v**erließen **w**ankend, **x**-beinig **Y**ankees **Z**elte.

27.2 Die Buchstaben sind nicht mit ihrem Lautwert verschriftlicht worden, sondern die Buchstabenbezeichnungen sind mit vollem Lautwert wiedergegeben.
Wer fliegt da um das Haus? – Die Fledermaus.
Wer schleicht da durch den Klee? Die Katze.

27.3 *Was sind das für Giganten? –* ***E El E Ef A En Te En.***
Wer kriecht dort um die Ecke? – Eine ***Es Ze Ha En E Ze Ka E.***

28.1 Die Geschichte vom fliegenden Robert

Wenn der Regen niederbraust,
Wenn der Sturm das Feld durchsaust,
Bleiben Mädchen oder Buben
Hübsch daheim in ihren Stuben. –
Robert aber dachte: Nein!
Das muss draußen herrlich sein! –
Und im Felde patschet er
Mit dem Regenschirm umher.

28.2 Gfndn

ch gng m Wld
S fr mch hn,
nd nchts z schn,
Ds wr mn Snn.

nn Strn, der dnn Nmn trgt,
Hch m Hmmlszlt,
Dn schnk ch dr ht' Ncht.
nn Strn, dr dnn Nmn trgt,
ll Ztn brlbt
nd br nsr Lb wcht.

29.1 UW und BAT trinken gerne T,
1 Glas kr8 leicht ent2, oh W!
Die Milch der Q: Man kann sie lieben,
den Kandieszucker muss man 7.

29.2 In Höchst im O De E En We A El De meldete eine Frau in der Nacht um 3 Uhr dem En O Te Er U Ef, dass ein Er E Ha Be o Ce Ka, ein 8ender, im Familienpool im Garten ein Bad genommen habe und nun nicht mehr Ha E Er Au Es Ka O Em Em E, wie die Polizei mitteilte. Sie eilte mit einem Es Te Er Ei Ef E En We A Ge En herbei und rettete den ver2felt strampelnden 4beiner.

30.1 **L**ieblich, **E**ifrig, **N**atürlich, **A**nmutig,
All dies ist das wunderbare Wesen,
Das ich anhimmle heißblutig.
Ihren Namen kannst du im Verborgnen lesen.

30.2 **W**ann ist es endlich soweit?
Erfüllen sich alle meine Wünsche?
Ich glaube ganz fest daran.
Habe ich auch schon Geschenke für alle anderen?
Noch nie habe ich jemanden vergessen.
Auch meine Großeltern werden zu Besuch kommen.
Christi Geburt wird in einem Krippenspiel aufgeführt.
Hoffentlich schneit es in der Zeit kräftig!
Tante Herta schickt sicher wieder ein großes Paket.
Eigentlich müsste ich mich auch mal bei ihr bedanken.
Nur habe ich dazu meist gar keine Lust.

30.3 Bei eines Telestichon ergeben die Endbuchstaben, -silben oder -wörter der Verszeilen oder Strophen von oben nach unten gelesen ein Wort oder die Endwörter einen Satz. Beim Mesostichon sind es in der Mitte der Verszeilen stehende Buchstaben, die von oben nach unten gelesen ein Wort ergeben.

Die Koffer gepackt im NU
Nicht vergessen den WeckeR
Proviant nicht ohne ÄpfeL
Brauchen wir die KamerA?
Was gehört noch alles dazU?
Nun aber im TraB! URLAUB

Im Monat Juli haben wir uns kennengelernt.
Jetzt verbringen wir Unsere Freizeit immer zusammen.
Ihre ELtern haben nichts dagegen.
Ob wir wohl Immer zusammenbleiben werden?
Manchmal machen wir eine lAnge Fahrradtour.
Richtig gestritteN haben wir uns noch nie.
Sehr gErn würde ich mal abends mit ihr ausgehen.

JULIANE

31.1 Die Schreibung *Mertürer* verfehlt sowohl *Märtyrer* wie auch *Mehrtürer*. Sie missachtet einmal, dass bei der Fremdwortschreibung die deutsche Standardzuordnung von Laut und Buchstabe nicht eingehalten wird, und das andere Mal die häufige Kennzeichnung von Langvokalen durch das Längenzeichen *h*.

Bei *Rainer Hohn* und *reiner Hohn* ist die Großschreibung von Eigennamen betroffen sowie die Alternativschreibung des Diphthongs als *ai* oder *ei*.

Auch bei *Lehrer* und *leerer* besteht ein Unterschied in der Groß- bzw. Kleinschreibung, aber auch in den beiden Möglichkeiten, den langen *e*-Laut durch das Längenzeichen *h* oder Verdoppelung des Buchstabens wiederzugeben.

Bei *Genossen* und *genossen* macht allein die Großschreibung des Substantivs den Unterschied, bei *sie* und *Sie* die Großschreibung des Anredepronomens.

Ein *bisschen* Hund könnte aus einem *bissigen* Hund nur durch Wegfall des Vokals *i* und durch Vertauschung des Hauchlauts *ch* mit dem stimmhaften Verschlusslaut *g* entstanden sein.

Bei *recht mäßige* handelt es sich um zwei Wörter mit Getrenntschreibung, bei *rechtmäßige* um ein einziges von *Recht* abgeleitetes Wort.

Die Zeichensetzung, in diesem Fall die Kommasetzung, entscheidet bei *Er will sie nicht* und *Er will, sie nicht* über die Bedeutung des Satzes.

Auch bei *Wer wünscht frische Eier von meinen eigenen Hühnern täglich ins Haus gebracht?* kann nur ein Komma die syntaktische Mehrdeutigkeit auflösen: *Wer wünscht frische Eier von meinen eigenen Hühnern, täglich ins Haus gebracht?* gegenüber der kuriosen Variante *Wer wünscht frische Eier, von meinen eigenen Hühnern täglich ins Haus gebracht?*

Auch hier macht es das Komma an der richtigen Stelle: *Der Pavian, sagt der Lehrer, ist ein Affe. – Der Pavian sagt, der Lehrer ist ein Affe.*

Als Eigenname wird Ibsen großgeschrieben, als nicht lexikalisiertes Verb *ibsen* in der Form eines Infinitivs dagegen klein.

31.2 Eine kleine, etwas rundliche Dame kommt in die Konditorei: „Guten Tag! Ich möchte Rumkugeln." Die Verkäuferin sieht sie erstaunt an, sagt dann aber höflich: „Bitte sehr, wenn es Ihnen Spaß macht. Der Boden ist gerade gewischt."

„Kennen Sie die Wüste Gobi?" – „Nein, mit einer solchen Frau gebe ich mich nicht ab."

Der Lehrer spricht ausführlich über Seuchen. Am Ende der Stunde will er sich überzeugen, ob die Schüler alles verstanden haben, und fragt: „Also Tim, was sind Seuchen?" – „Kleine Schweine, Herr Müller."

„Du Hannes, sag mal, was ist ein Lama?" – „Ein Lama, das weißt du nicht? Das ist doch einer, der das Bein nachzieht."

An einer Baustelle steht ein Schild: „Zutritt verboten!“ Bert und Linus kümmert das nicht. Da schimpft der Aufseher: „Könnt ihr Bengel denn nicht lesen?!“ Da antwortet Bert: „Wir sind doch bloß zu zweit.“

32.1 Wörter haben einen Anfang und ein Ende.
Manche Wörter schreibt man am Anfang groß.
Zwischen den Wörtern gibt es Abstände.
Auch Satzzeichen helfen beim Lesen.
Gib nicht auf!
Übung macht den Meister.
Es ist noch kein Meister vom Himmel gefallen.
Ohne Fleiß keinen Preis!
Du hast es gschafft?!!

32.2 W **irt** re ffe nu n **S**umm **I**tte rn ach tv o rmfri **E** dh of.

fehlie X haa td iehch ang eeloo gehn.
koMmStdusOnntAGZumIr?

33.1 Durch den Verzicht auf Kennzeichnung der Substantive durch Großschreibung geht der Kontrast gegenüber klein geschriebenen Verben und Adjektiven verloren, und dadurch ist für den Leser nicht mehr klar, welcher Wortart das jeweilige Wort angehört und welche Bedeutung der ganze Satz besitzt: *Er hat mancherlei Liebe genossen. – Er hat mancherlei liebe Genossen.*

33.2 Die auf solche Art hervorgerufene Unklarheit erschwert das Lesen und provoziert unnötige Missverständnisse. Gegenargument: Entsprechende Formulierungen sind sehr selten und werden fast immer durch den Kontext eindeutig.

33.3 er konnte ihn sehen: der gefangene floh.
in zukunft wollte er sich brüsten und anderem zuwenden.
sie verweigerte speise und trank.
der heilpraktiker konnte blasen und nieren behandeln.
der junge sieht dir ungeheuer ähnlich.

33.4 Aus zwei Wörtern zusammengesetzte Komposita wurden bei der Trennung nicht in die beiden Konstituenten zerlegt, sondern sinnentstellend, sodass sich immer mindestens ein neues Wort ergab. Die neu entstandene Zusammensetzung bewirkte Komik.

33.5 Niko – Laus, Lachs – türme, Antrags – Teller, Bausch – Lamm, Blumento – Pferde, Freischimm – Erzeugnis, Karteng – Eber, Hau – Stier.

34.1 Es ist die „Berliner Schnauze“, der in Berlin und Brandenburg gesprochene Dialekt, der sich an folgenden Merkmalen erkennen lässt: Für das Pronomen *ich* wird *ick* oder *icke* verwendet, *kieken* für *gucken*. Für ein geschriebenes *g* ist oft ein [j] zu hören: *geht* → jeht. Diphthonge werden oft zu Doppelvokalen: *einmal* → eenmal.

34.2 Zum Beispiel plattdeutsch:
Ik sit an Disch unn eet Hackfleesch
Da kloppt dat

Ik kiek, bin baff unn wunner mi
Opp eenmol iss se op de Dör ...

35.1 Die schwäbische Mundart weist einen viel reicheren Bestand an Vokalen auf als die heutige Standardsprache, was zu vielen Abweichungen von der Standardschreibweise der Wörter führt. In der Grammatik ist die Personalendung der Verben im Plural für alle drei Personen *et*: *halten/denken Sie* → *haltet/denket Sia.*

35.2 Dialekt sprechende Witzfiguren überzeugen als regionale Originale und Typen mit landschaftlich geprägten komisch wirkenden Eigenschaften. Die Sprache der Witze erscheint bodenständig und authentisch durch speziellen Dialektwortschatz und durch den Klang, der stärker Emotionen weckt als die sachlich-nüchterne Hochsprache.

36.1 Plattdeutsch: „He meent ween."

36.2 Was sagt ein Sachse, wenn er in Amerika einen Weihnachtsbaum kaufen will? „Ätänschenplease!"

„Herr Ober, in meiner Suppe schwimmt eine Fliege!" – „Sinns bloß schdill, sonsd wulln die annern a enne."

Kommt der Bauer mit dem Bulldog auf den Hof: „Fraa, i bin grad nei ä Radarfalln gfahrn." – „Unn, hads gäblidzd?" – „Nää, gschäbberd."

Ein Feriengast fragt einen Einheimischen: „Entschuldigen Sie, wie heißt der Berg da vorn?" Der Bayer sieht sich um: „Woichana?" Der Tourist: „Herzlichen Dank."

36.3 Es ist ein fränkisches Dialektgedicht mit eigenwilliger Schreibweise: *jads – Jazz, neecha – Neger, bareid – Bayreuth.*

36.4 den Jazz
haben die Neger erfunden
in NEW ORLEANS/USA
und spielen
tun ihn die Weißen

die Mundart
machen die gleichen Leute
in Bayreuth in Franken in Deutschland
und drin dichten
tun diejenigen, die studiert haben

37.1 Die visuelle Präsentation des Wortes *Treppe* suggeriert dem Betrachter die Stufe für Stufe herabfallenden Erbsen. Das Erscheinungsbild des Textes verdoppelt insofern seine sprachliche Aussage. Gleichzeitig erweist sich der Text auch als ein Beispiel für akustische Poesie als weitere Spielart der konkreten Poesie: Die mehrfach wiederholte Lautfolge *pe – pe – pe* ähnelt durch den stimmlosen Verschlusslaut *p* dem Geräusch der hart über die Stufen springenden Erbsen. Somit lässt sich bei diesem Text ein Ansatz zu synästhetischer Darstellung feststellen: Außer der Bewegung wird auch das hervorgerufene Geräusch in die Textgestaltung integriert.

38.1 KOM MEN

KOM MEN

KOMMEN

KOMMEN

GEHEN

GEHEN

GE HEN

GE HEN

FETT MAGER

LOCH

T TRÄNE
U Ä
R Ä
M Ä
Ä

tot Ä

Z=BRA TΩR S☼NNE

fliegen fliegen fliegen fliegen fliegen

flie flie flie

fl fl fl fl fl *VERSCHNÖRKELT*

39.1 Obwohl die Wörter durch Auslassen verschiedener Buchstaben stark verkürzt worden sind, lässt sich das Sprichwort noch gut erkennen. Die Verkürzung unterstreicht anschaulich seine Aussage.

39.2 **Der l ä n g s t e Weg ist oft der krzste.**

L a n g e Schritte machen den Weg kurz.

Laaaaaaaaaaaaaaannngggeeeee Gespräääääääääääääääääächeeee machen kurze Tage.

40.1 Wenn sich viele kleine und schwache *Ichs* zusammentun, ergeben sie ein großes und starkes *Wir*.

40.2 Das *ich* steht für Individualität, Vereinzelung und Defizite des Einzelnen, während das *wir* eine eng verbundene Gemeinschaft symbolisiert.

41.1 Mitten in einem Meer von *Ja*-Sagern wagt es ein Einzelner, sich dem kollektiven Anpassungsdruck zu entziehen, Widerstand zu leisten und *nein* zu sagen. Worauf Zustimmung und Ablehnung sich beziehen, bleibt offen. Man kann an Meinungsbekundungen in verschiedenen Lebensbereichen wie Politik, Sport, Wirtschaft, Vereine denken. In jedem Fall ist es schwer und mutig, sich gegen eine überwältigende Mehrheit zu stellen und dies auch offen zum Ausdruck zu bringen.

41.2 bravobravobravobravobravobravobravo
bravobravobravobravobravobravobravo
bravobravobravobravobravobravobravo
bravobravobravobravobravobravobravo
bravobravobravobravobravobravobravo
bravobravobravopfui!!bravobravobravo
bravobravobravobravobravobravobravo
bravobravobravobravobravobravobravo
bravobravobravobravobravobravobravo
bravobravobravobravobravobravobravo
bravobravobravobravobravobravobravo

billigbilligbilligbilligbilligbilligbilligbillig
billigbilligbilligbilligbilligbilligbilligbillig
billigbilligbilligbilligbilligbilligbilligbillig
billigbilligbilligbilligbilligbilligbilligbillig
billigbilligbilligbilligbilligbilligbilligbillig
billigbilligbilligvielzuteuerbilligbilligbillig
billigbilligbilligbilligbilligbilligbilligbillig
billigbilligbilligbilligbilligbilligbilligbillig
billigbilligbilligbilligbilligbilligbilligbillig
billigbilligbilligbilligbilligbilligbilligbillig
billigbilligbilligbilligbilligbilligbilligbillig

FCSchalkeFCSchalkeFCSchalkeFCSchalkeFCSchalke
FCSchalkeFCSchalkeFCSchalkeFCSchalkeFCSchalke
FCSchalkeFCSchalkeFCSchalkeFCSchalkeFCSchalke
FCSchalkeFCSchalkeHSVHSVFCSchalkeFCSchalke
FCSchalkeFCSchalkeFCSchalkeFCSchalkeFCSchalke
FCSchalkeFCSchalkeFCSchalkeFCSchalkeFCSchalke
FCSchalkeFCSchalkeFCSchalkeFCSchalkeFCSchalke

D Quellenverzeichnis

S. 3: (Martin Fuchs @wahl beobachter·12. 8. 2017 Wahlplakate from Hell: Ich maaaaaaaaag kreative Wortspiele)

(© Sigurd Gringel: www.nw.de / lokal / kreis, guetersloh / schloss holte stukenbrok / 22360271. 250-Bueger-protestieren- friedlich-gegen-die-AfD.html)

(Mannheimer Morgen, 31. 10. 2019. morgenweb.de)
Jakob Szoborz (http: / / jakobsweb.com / welthungerhilfe /)

S. 4: (https: / / kuriosologie.de / category / wortspiele /)
(twitter. www.watson.ch / imgdb / 347e / Qx,B,0,0.600,362,250,150,100,60 / 7056007667554917)
(Alter Fritz, https: / / commons.wikimedia.org / (.de / category / wortspiele /)
(https: / / kuriosologie w / index.php?curid=42820696) (www.watson.ch / sport / fussball / 519242086-ironisch-lustig-fies-wenn-fans-ihre-kreativitaet-im-stadion-ausleben-kruemmen-wir-uns-vor-lachen)

(Stephanie Pilick / dpa.www.focus.de / tagesthema / demonstrationen-dgb-keine-stunde-arbeit-darf-billiger-sein-als-8-50-euro_id_3813273.html)

S. 5: Achim Greser und Heribert Lenz: (https: / / dummel-ausstellung.de / bild15)

(www.instagram.com / 20min.ch / ?hl=de #lidl #aldi #deutschland #konkurrenzkampf #discounter)

(www.ritter-sport.de / de / liebe% 20auf n%20ersten%20Knick)

S. 6: (www.lieferando.de)

(www.braincolor.de / wp-content / uploads / 2016 / 10 / gans-bunt.png)

(gramho.com / explore-hashtag / wortspiele)

S. 7: (Sebastian Schiller @schillergie, 4.3.2018, https: / / www.fernsehersatz.de / tag / wortspiele)

(www.programmwechsel.de / wortspiele /)

S. 13: Busch, Wilhelm (1909): Schein und Sein. Nachgelassene Gedichte. München: Joachim

Roth, Eugen (1977): Sämtliche Werke: München: Hauser

S. 14: Berger, Uwe (Hrsg.) (1967): Friedrich von Logau. Sinngedichte. Eine Auswahl. Berlin: Rütten & Loening

Anders, Günther (1968): Der Blick vom Turm. Fabeln. München: Beck

Krischker, Gerhard (1974): Deutsch gesprochen. Epigramme. Bamberg: Ludwig Feuerbach

S. 15: Wiemer, Rudolf Otto (Hrsg.) (1974): bundesdeutsch. lyrik zur sache grammatik. Wuppertal: Hammer

Gernhardt, Robert (1996): Gedichte 1954–94. Zürich: Haffmanns

S. 16: Spohn, Jürgen (1967): Eledil und Krokofant, Reime und Bilder. Gütersloh: Bertelsmann

GONG 18.7.1987

S. 17: Unbekannter Verfasser in: Kopfermann, Thomas u. a. (Hrsg.) (1981): Lesebuch Deutsch 5. Braunschweig: Westermann

Bödeker, Hans u. a. (Hrsg.) (1986): Texte für die Primarstufe 2. Hannover: Schroedel

S. 18 Ulrich, Winfried (2010): Treffliche Pointen. Humor und Scharfsinn in Aphorismen, Cartoons, Anekdoten, Witzen. Hohengehren: Schneider

Volksgut in: Ulrich, Winfried (^{2}2002): Sprachspiele. Texte und Kommentare. Aachen-Hahn: Hahner Verlagsgesellschaft

S. 20: Gomringer, Eugen (1972): konkrete poesie. deutschsprachige autoren. anthologie. Stuttgart: Reclam

Gomringer, Eugen (1972): konkrete poesie. deutschsprachige autoren. anthologie. Stuttgart: Reclam

S. 21: Unbekannter Verfasser in: Ulrich, Winfried (^{6}1965): Linguistik für den Deutschunterricht. Aachen-Hahn: Hahner Vrlagsgesellschft

S. 22: Neumann, Hans-Joachim (1973): Spiel mit der Sprache. Sprachhorizonte 15. Dortmund: Crüwell-Konkordia

S. 23: Wiemer, Rudolf-Otto (1971): beispiele zur deutschen grammatik. Berlin: Fietkau

S. 24: Manz, Hans (1974): Worte kann man drehen. Weinheim und Basel: Beltz & Gelberg

Ulrich, Winfried (^{2}2004): Sprachspiele für jüngere Leser und Verfasser von Texten. Aachen-Hahn: Hahner Verlagsgesellschaft

S. 25: Ulrich, Winfried (^{2}2004): Sprachspiele für jüngere Leser und Verfasser von Texten. Aachen-Hahn: Hahner Verlagsgesellschaft

S. 26: Wiemer, Rudolf Otto (1971): beispiele zur deutschen grammatik. Berlin: Fietkau

S. 27: Grass, Günter (1971): Gesammelte Gedichte. Darmstadt und Neuwied: Luchterhand

Unbekannter Verfasser in: Ulrich, Winfried (^{2}2002): Sprachspiele. Texte und Kommentare. Aachen-Hahn: Hahner Verlagsgesellschaft

S. 28: Manz, Hans (1974): Worte kann man drehen. Sprach-Buch für Kinder. Weinheim: Beltz & Gelberg

S. 30: Waechter, Friedrich Karl in: ZEITmagazin 46/1976

S. 31: Ulrich, Winfried (2010): Treffliche Pointen. Humor und Scharfsinn in Aphorismen, Cartoons, Anekdoten, Witzen. Hohengehren: Schneider

Gelberg, Hans-Joachim (Hrsg.) (1978): Das achte Weltwunder. Weinheim und Basel: Beltz

S. 32: Wiemer, Rudolf Otto (1971): beispiele zur deutschen grammatik. Berlin: Fietkau

S. 33: Unbekannter Verfasser: HÖR ZU 11 / 1975

Jandl, Ernst (1976): Laut und Luise. Stuttgart: Reclam

S. 34: Wondratschek, Wolf (1969): Früher begann der Tag mit einer Schußwunde. München: Hanser

S. 36: Celan, Paul (1952): Mohn und Gedächtnis. Stuttgart: Deutsche Verlags-Anstalt

Weyrauch, Wolfgang (1959): expeditionen deutsche lyrik seit 1945. München: List

S. 37: Manzoni, Carlo (1971): 100 x Signor Veneranda. München: dtv

S. 38: Brecht, Bertolt (1980): Kalendergeschichten. Leipzig: Reclam

S. 39: Brecht, Bertolt (1980): Kalendergeschichten. Leipzig: Reclam

S. 40: Jandl, Ernst (1970): Der künstliche Baum. Frankfurt: Luchterhand

S. 41: Julia Brosch und Stefanie Kraft: (https: / / www.stein-gymnasium.eu / AlteWebsite / faecher / deutsch / einvokalgedichte_klasse5b / welcome.html)

S. 42: Konstantin Dedreux: (https: / / www.konstantext.de / index.php / text-von-a-z / freie-arbeiten / 12-lyrik-ralfs-ratte)

Gernhardt, Robert (2000): In Zungen reden. Frankfurt a. M.: Fischer

S. 43: Volkslied in: Corbach, Dieter u. a. (Hrsg.): die mundorgel. Köln: Mundorgel Verlag

Volksgut: https: / / www.sprachspielspass.de / fingerspiele / alle-fingerspiele / heile-heile-segen

Unbekannter Verfasser in: Echtermeyer, Theodor / von Wiese, Benno (Hrsg.) (1966): Deutsche Gedichte. Von den Anfängen bis zur Gegenwart. Düsseldorf: August Bagel

Morgenstern, Christian (1957): Gedichte. Frankfurt und Hamburg: Fischer

S. 44: Busch, Wilhelm in: Echtermeyer, Theodor / von Wiese, Benno (Hrsg.) (1966): Deutsche Gedichte. Von den Anfängen bis zur Gegenwart. Düsseldorf: August Bagel

Sprüche: https: / / www.andinet.de / lustiges / sprueche / lustige_reime.html

S. 45: Ulrich, Winfried (^{2}2004): Sprachspiele für jüngere Leser und Verfasser von Texten. Aachen-Hahn: Hahner Verlagsgesellschaft

Ulrich, Winfried (^{2}2004): Sprachspiele für jüngere Leser und Verfasser von Texten. Aachen-Hahn: Hahner Verlagsgesellschaft

S. 47: Ulrich, Winfried (^{2}2004): Sprachspiele für jüngere Leser und Verfasser von Texten. Aachen-Hahn: Hahner Verlagsgesellschaft

S. 48: Gelberg, Hans-Joachim (1977): Der fliegende Robert. Viertes Jahrbuch der Kinderliteratur. Weinheim: Beltz

S. 49: Unbekannter Verfasser in: Ulrich, Winfried (^{2}2002): Sprachspiele. Texte und Kommentare. Aachen-Hahn: Hahner Verlagsgesellschaft

S. 50: Ulrich, Winfried: Sprichwörter. Originalbeitrag

Gelberg, Hans-Joachim (Hrsg.) (1978): Das achte Weltwunder. Weinheim und Basel: Beltz

S. 51: Unbekannte Verfasser: Zusammenstellung Originalbeitrag

Barry, Robert (1979): Kunterbuntes Sprachspielbuch. Freiburg: Herder

Arbeitsblatt 1: Ulrich, Winfried (2010): Treffliche Pointen. Humor und Scharfsinn in Aphorismen, Cartoons, Anekdoten, Witzen. Hohengehren: Schneider

2: Werner, Hugo (Hrsg.) (1959): Wilhelm Busch. Das Gesamtwerk des Zeichners und Dichters in sechs Bänden. Stuttgart und Salzburg: Fackelverlag

3: Unbekannter Verfasser in: DIE ZEIT 42/1974

4: Kishon, Ephraim (1970): Wie unfair, David! München: Langen-Müller (dtv 708)

5: Walser, Martin (1966): Das Einhorn. Frankfurt: Suhrkamp

6: Ulrich, Winfried (2010): Treffliche Pointen. Humor und Scharfsinn in Aphorismen, Cartoons, Anekdoten, Witzen. Hohengehren: Schneider

Unbekannter Verfasser in: Lewalter, Johann (1911): Deutsches Kinderlied und Kinderspiel. Kassel: Vietor

Stern 35/1974

7: Gelberg, Hans-Joachim (Hrsg.) (1975): Menschengeschichten. Weinheim und Basel: Beltz

8: Fischer, Heinrich (Hrsg.) (1956): Widerschein der Fackel. Karl Kraus Werke, Band 4. München: Kösel

9: Ulrich, Winfried (2010): Treffliche Pointen. Humor und Scharfsinn in Aphorismen, Cartoons, Anekdoten, Witzen. Hohengehren: Schneider

10: Ulrich, Winfried (^{2}2004): Sprachspiele für jüngere Leser und Verfasser von Texten. Aachen-Hahn: Hahner Verlagsgesellschaft

11: Ulrich, Winfried (^{2}2004): Sprachspiele für jüngere Leser und Verfasser von Texten. Aachen-Hahn: Hahner Verlagsgesellschaft

12: Ulrich, Winfried (^{2}2004): Sprachspiele für jüngere Leser und Verfasser von Texten. Aachen-Hahn: Hahner Verlagsgesellschaft

13: DIE ZEIT vom 24.10.1970

14: Wiemer, Rudolf Otto (Hrsg.) (1974): bundesdeutsch. lyrik zur sache grammatik. Wuppertal: Hammer

15: Wiemer, Rudolf Otto (Hrsg.) (1974): bundesdeutsch. lyrik zur sache grammatik. Wuppertal: Hammer

Ulrich, Winfried: Originalbeitrag

Wiemer, Rudolf Otto (Hrsg.) (1974): bundesdeutsch. lyrik zur sache grammatik. Wuppertal: Hammer

16: Neumann, Hans-Joachim (1973): Spiel mit der Sprache. Sprachhorizonte 15. Dortmund: Crüwell-Concordia

17: Berger, Uwe (Hrsg.) (1967): Friedrich von Logau. Sinngedichte. Eine Auswahl. Berlin: Rütten & Loening

18: Bichsel, Peter (1969): Kindergeschichten. Neuwied und Berlin: Luchterhand

19: Ulrich, Winfried ([6]1995): Linguistik für den Deutschunterricht. Aachen-Hahn: Hahner Verlagsgesellschaft

20: Ulrich, Winfried (2010): Treffliche Pointen. Humor und Scharfsinn in Aphorismen, Cartoons, Anekdoten, Witzen. Hohengehren: Schneider

21: Hanna Freilinghaus-Heuss in: Ulrich, Winfried ([2]2002): Sprachspiele. Texte und Kommentare. Aachen-Hahn: Hahner Verlagsgesellschaft

22: Friedrich Nietzsche in: Ulrich, Winfried (2010): Treffliche Pointen. Humor und Scharfsinn in Aphorismen, Cartoons, Anekdoten, Witzen. Hohengehren: Schneider

23: Weyrauch, Wolfgang (1959): expeditionen deutsche lyrik seit 1945. München: List

24: Domenego, Hans (Hrsg.) (1975): Das Sprachbastelbuch. Wien und München: Jugend und Volk

25 Guggenmos, Josef (1980): Wenn Riesen niesen. Gedichte und Geschichten. Wien und Heidelberg: Ueberreuter

26: Roth, Eugen (1970): Das neue Eugen Roth Buch. München: Hanser

27: Domenego, Hans (Hrsg.) (1975): Das Sprachbastelbuch. Wien und München: Jugend und Volk

28: Thalmayr, Andreas (Hrsg.) (1985): Das Wasserzeichen der Poesie. Nördlingen: Franz Greno

29: Unbekannter Verfasser in: Ulrich, Winfried ([2]2002): Sprachspiele. Texte und Kommentare. Aachen-Hahn: Hahner Verlagsgesellschaft

30: Beyer, Conrad (Hrsg.) (o. J.): Friedrich Rückerts Werke in sechs Bänden. Band 1. Leipzig: Gustav Fock

Eitner, Gustav (Hrsg.) (1872): Friedrich von Logau. Sämtliche Sinngedichte. Tübingen: Litterarischer Verein

Brod, Thomas (2011): https://thomasbrod.hpage.com/akrostichon(undmeso-undtelestichon).html

31: Ulrich, Winfried (1980): Der Witz im Deutschunterricht. Braunschweig: Westermann

32: Ulrich, Winfried ([2]2004): Sprachspiele für jüngere Leser und Verfasser von Texten. Aachen-Hahn: Hahner Verlagsgesellschaft

33: Schaffner, Emil (1982): Es rumpelt und stilzt im Sprach-Spülkasten. Stuttgart: Huber Frauenfeld

Ulrich, Winfried ([2]2004): Sprachspiele für jüngere Leser und Verfasser von Texten. Aachen-Hahn: Hahner Verlagsgesellschaft

34: Einstein, Carl/Westheim, Paul (Hrsg.) (1993): Europa-Almanach 1925. Köln: Kiepenhauer & Witsch

35: Troll, Thaddäus (1976): O Heimatland. Verse in schwäbischer Mundart. Hamburg: Hoffman & Campe

36: Ulrich, Winfried (2010): Treffliche Pointen. Humor und Scharfsinn in Aphorismen, Cartoons, Anekdoten, Witzen. Hohengehren: Schneider

Wagner, Eberhard (1976): Des Gwaaf wu ma sichd. München: Relief

37: Unbekannter Verfasser in: Ulrich, Winfried (²2002): Sprachspiele. Texte und Kommentare. Aachen-Hahn: Hahner Verlagsgesellschaft

38: Maar, Paul (1977): Onkel Florians fliegender Flohmarkt. Hamburg: Oetinger

39: Winfried Ulrich (²2004): Sprachspiele für jüngere Leser und Verfasser von Texten. Aachen-Hahn: Hahner Verlagsgesellschaft

40: Bremer, Claus (1970): Anllaesse, kommentierte Poesie. Neuwied und Berlin: Luchterhand

41: Domenego, Hans (Hrsg.) (1975): Das Sprachbastelbuch. Wien und München: Jugend und Volk

E Literaturverzeichnis

Attardo, S. (1994): Linguistic theories of humor. Berlin, New York: Mouton, de Gruyter. (= Humor Research 1).

Augarde, T. (1984): The Oxford Guide to Word Games. Oxford und New York: Oxford University Press.

Chiaro, D. (1992): The language of jokes. Analysing verbal play. London: Routledge.

Dencker, K. P. (Hrsg.) (1985): Deutsche Unsinnspoesie. Stuttgart: Reclam.

Dittgen, A. M. (1989): Regeln für Abweichungen. Funktionale sprachspielerische Abweichungen in Zeitungsüberschriften, Werbeschlagzeilen, Werbeslogans, Wandsprüchen und Titeln. Frankfurt a. M. etc.: Lang. (= Europäische Hochschulschriften. Reihe 1. Bd. 1160).

Fleischer, Wolfgang ([2]1971): Wortbildung der deutschen Gegenwartssprache. Leipzig: Bibliographisches Institut.

Garbe, B. (1976): Experimentelle Texte im Sprachunterricht. Düsseldorf: Schwann.

Göttert, K.-H. (1979): Regelbefolgung, Regeldurchbrechung, Regelerneuerung. In: Zeitschrift für germanistische Linguistik 7, 2. S. 151–166.

Gomringer, E. (1978): konkrete poesie. deutschsprachige autoren. Stuttgart: Reclam.

Harig, L. (1973): Tendenzen deutscher Literatursprache der Gegenwart. Sprachspiele. In: Lexikon für germanistische Linguistik, hrsg. v. H. P. Althaus, H. Henne, H. E. Wiegand. 3 Bde. Tübingen: Niemeyer. Bd. 3, S. 556–559.

Kelsch, W. (1970): Sprachmontagen. Bericht über ein Experiment. In: Der Deutschunterricht 22, 5. S. 115–121.

Liede, A. (1963): Dichtung als Spiel. Studien zur Unsinnspoesie an den Grenzen der Sprache. 2 Bde. Berlin: de Gruyter.

Lohrer, K. (1978): Spiele mit Sprache. In: Blätter für Lehrerfortbildung 30, 1. S. 13–18.

Marenbach, D. (1980): Sprachspiele und Sprachreflexion. In: Sprach¬betrachtung und Kommunikationsanalyse, hrsg. v. O. Schober. Königstein/Ts.: Scriptor. S. 65–80.

Menzel, W. (1974): Spiele mit Sprache. Basisartikel. In: Praxis Deutsch 5. S. 16–20.

Menzel, W. (1980): Mit Sprache experimentieren – Regularitäten erkennen. In: Der Deutschunterricht 32, 4. S. 45–58.

Müller, R. (2003): Theorie der Pointe. Paderborn: Mentis

Nilsen, D. L. F. und Nilsen, A. P. (1978): Language Play. An Introduction to Linguistics. Rowley: Newbury House.

Preisendanz, W. und Warning, R. (Hrsg.) (1976): Das Komische. München: Fink.

Queneau, R. (1964): Stilübungen. Deutsch v. L. Harig und E. Helmlé. Frankfurt a. M.: Suhrkamp.

Raskin, V. (1985): Semantic Mechanisms of Humor. Dordrecht etc: Reidel.

Schmidt, S. J. (Hrsg.) (1972): konkrete dichtung. texte und theorien. München: Bayerischer Schulbuchverlag.

Seidel, B. (1983): Schüler spielen mit Sprache. Sprachunterricht vom 1. Bis 10. Schuljahr. Stuttgart etc.: Kohlhammer.

Steffens, W. (1981): Spielen mit Sprache.Aspekte eines kreativen Sprach- und Literaturunterrichts im 1. bis 6. Schuljahr. Frankfurt a. M.: Hirschgraben.

Ulrich, W. (1976): Wortbildungsspiele. Semantik des komplexen Wortes. In: Diskussion Deutsch 31. S. 424–437.

Ulrich, W. (1977): Semantische Turbulenzen. Welche Kommunikations¬formen kennzeichnen den Witz? In: Deutsche Sprache (4/1977). S. 313–334.

Ulrich, W. (1979): Kommunikationsanalyse mit Hilfe des Witzes. In: Diskussion Deutsch 45. S. 73–90.

Ulrich, W. (1980): Der Witz im Deutschunterricht. Braunschweig: Westermann. (= Westermann Taschenbuch 199).

Ulrich, W. (1995a): Förderung der Ambiguitätstoleranz. Zum Umgang mit sprachspielerischen Texten in der Sekundarstufe I. In: Deutschunterricht 48, 1. S. 2–11.

Ulrich, W. (1995b): Sprachspiel – Spiel mit Sprache. In: Deutsch, Sprache und Kommunikation. Hrsg. v. W. Ulrich und G. Michel. Berlin: Volk und Wissen. S. 144–156.

Ulrich, W. (1995c): Inkongruenz und Ambiguität im Sprachspiel. In: Aspekte der Sprachbeschreibung. Akten des 29. Linguistischen Kolloquiums. Hrsg. v. P. Baerentzen. Tübingen: Niemeyer. S. 257–260.

Ulrich, W. (1997): Worüber lacht man im Deutschen – worüber im Englischen? Ein ungewöhnlicher Vorschlag für einen vergleichenden Sprachunterricht. In: Deutschunterricht 50, 6. S. 311–316.

Ulrich, W. (1998): Sprachspiele. Eine neue Seite des Deutschunterrichts stellt sich vor. In: Deutschunterricht 51, 7–8. S. 338–345.

Ulrich, W. (^{2}2001): Sprachspiele. Texte und Kommentare. Lese- und Arbeitsbuch für den Deutschunterricht. Aachen-Hahn: Hahner Verlagsgesellschaft.

Ulrich, W. (^{2}2004): Sprachspiele für jüngere Leser und Verfasser von Texten. Texte und Kommentare. Aachen-Hahn: Hahner Verlagsgesellschaft.

Ulrich, W. (2010): Treffliche Pointen. Humor und Scharfsinn in Aphorismen, Cartoons, Anekdoten, Witzen. Baltmannsweiler: Schneider Hohengehren.

Ulrich, W. (2013): Sagwörter produzieren. In: Deutschunterricht 66 (1/2013), S. 8–13.

Ulrich, W. (2013): Sprachwitze als Unterrichtsthema. In: Der Deutschunterricht (4/2013), S. 56–67.

Ulrich, W. (2014): Zahnprothesen ohne gesetzliche Haftpflicht. Wie spielt man mit der deutschen Sprache? In: Sprachspiegel (1/2014). Hrsg. v. Schweizerischen Verein für deutsche Sprache. S. 2–14.

Ulrich, W. (2015): Polysemie als zentraler Gegenstand der Wortschatzarbeit. In: Deutscher Wortschatz – beschreiben, lernen, lehren. Beiträge zur Wortschatzarbeit in Wissenschaft, Sprachunterricht, Gesellschaft. Hrsg. v. Jörg Kilian und Jan Eckhoff. Frankfurt: Lang. S. 243–255.

Ulrich, W. (2016): Kontextsensible Bereitschaft zur Lesartenerweiterung als wortschatzdidaktisches Ziel. In: Muttersprache (2/2016). S. 147–156.

Ulrich, W. (2018): Mehrdeutigkeit als zentrales Thema des Sprach-, Lese- und Literaturunterrichts. Förderung der allgemeinen Sprachkompetenz durch Erwerb von Ambiguitätskompetenz (mit 103 Arbeitsblättern in Form von Kopiervorlagen). Baltmannsweiler: Schneider Hohengehren.

Ulrich, W. (2018): Ambiguitätskompetenz: Zum Umgang mit sprachlichen Mehrdeutigkeiten. In: Wirkendes Wort (2/2018). S. 285–301.

Vogeley, H. (1969): Das Spiel mit der Sprache im Schulunterricht. In: Sprachpädagogik – Literaturpädagogik. Festschrift für Hans Schorer. Frankfurt a. M.: Diesterweg.

Weller R. (Hrsg.) (1977): Sprachspiele. Stuttgart: Reclam.

Wenzel, P. (1989): Von der Struktur des Witzes zum Witz der Struktur: Studien zur Technik der Pointierung. Heidelberg: Winter.

Wiemer, R. O. (Hrsg.) (1974): bundes deutsch – lyrik zur sache grammatik. Wuppertal: Hammer.

Winterling, F. (1971): Kreative Übung oder Gestaltungsversuch. Abriß einer Didaktik produktiver Befreiung im Deutschunterricht. In: Diskussion Deutsch 5. S. 243–264.

Wittgenstein, L. (2010): Philosophische Untersuchungen. Hrsg. v. Joachim Schulte. Frankfurt: Suhrkamp.